JN111861

的確に伝わる！

音声DL版

ホテルの英会話

Conversational English for the Hospitality Professional

監修 The Okura Tokyo（オークラ東京）

ナツメ社

おもてなしとは、お客様と心のつながりをもつことです

近年、外国人のお客様と英語で話す機会は、ますます増えています。お客様をおもてなしすると聞くと、すぐに高い語学力が求められると思いがちですが、それがすべてではありません。

オークラ東京は、お客様にモノやサービスを提供し、最大限の満足を与えるだけではなく、その先にある、お客様の共感を得ることが本当のおもてなしではないかと考えています。

接客する側がその担い手であること。その自覚をもつことができれば、語学の必要性を自ずと感じ、英語力の強化に自ら務める——そのようなポジティブなスパイラルを生むことができるのではないでしょうか。

これからホテルで働こうと思っているみなさん、すでにホテルで働いているみなさん、どうぞ語学力だけにこだわらず、お客様と心のつながりをもつことを大切にしてください。そうすれば、そのために必要なことが自然と見えてくるはずです。

その一環として、本書を活用し、会話力を身につけていただければ、同業者としてこれほどうれしいことはありません。

はじめに

困っているお客様を見かけたら、すぐに力になりたい。けれど、英語で何というのかがぱっと出てこない。そんな人も多いのではないでしょうか。相手を想う気持ちがあるほど、それは残念なことです。

本書では、ホテルで働いている人、これからホテルで働こうと思っている人に向け、オークラ東京のノウハウを盛り込みながら、業務別に接客フレーズをまとめました。Part 1はホテルの顔ともなるフロント業務、Part 2は宿泊予約などの電話対応、Part 3はレストランや売店などの販売業務で使うフレーズを紹介しています。さらに、Part 4はお客様からのクレームや予期せぬトラブルを想定し、すぐに使えるフレーズをまとめました。そして、Part 5はお客様と会話を楽しめるよう、日本の文化を伝えるための言い回しを紹介しています。

英語力に自信がない方も、本書を活用していただき、ぜひ、困っているお客様に、積極的に声をかけてみてください。

伝えたいという気持ち、お客様とつながりたいという気持ちがあれば、自然と英会話力は身についていくはずです。

本書編集部

CONTENTS

おもてなしとは、お客様と
心のつながりをもつことです …… 2

はじめに …… 3

本書の使い方 …… 12

ホテル英会話をマスターしよう

ホテルではみんなが英語を使っています！ …… 14

Lesson1　ホテル英会話の心得 …… 16

業務別 ホテル英会話の心得 …… 22

・コンシェルジュ< **Concierge** >

・レセプショニスト< **Receptionist** >

・オペレーター< **Operator** >

Lesson2　覚えておきたい基本の言い回し …… 26

・**Could you** ～？（～していただけますか？）

・**May I** ～？（～いたしましょうか？）

・**Would you like** [**prefer**] ～？（～いたしますか？）

・**I'm afraid** ～**.**（あいにく～です。）

・**Is there anything else** ～？（ほかに～がありますか？）

Lesson3　覚えておきたい必須フレーズ …… 29

うっかり使いがちな **NG** 表現 …… 32

Part 1　フロント業務

●お客様到着

出迎え……36
荷物の預かり……36
ロビー・フロントへの案内……37

●チェックイン

予約確認（予約あり）……38
予約確認（予約なし）……41
予約確認（予約不明）……42
食事の案内……42
サービスの案内……44
団体客のチェックイン……45

●部屋までの案内

荷物の確認……47
部屋までの誘導……47

●部屋の説明

部屋の説明……49

●チップへの対応

チップへの対応……51

●館内施設の案内

案内……52
非常口……52
製氷機・自動販売機……53
館内施設……53

●チェックアウト

会計……56
現金での支払い……56
クレジットカードでの支払い……57
確認……59
荷物の預かり（クローク）……60
荷物の返却（クローク）……61
タクシー・空港バスの手配……61

見送り

別れのあいさつ …………… 63

COLUMN

旅館で使えるフレーズ ……… 64

ビジネスホテルで使えるフレーズ ……………… 66

カプセルホテルで使えるフレーズ ……………… 67

客室サービス

ルームサービス ……………… 70

モーニングコール ………… 72

ランドリーサービス ……… 74

ハウスキーピング ………… 77

ビジネスサポート ………… 78

問い合わせ

道具の貸し出し …………… 82

販売 …………………………… 83

道具の使い方 ……………… 84

電話番号を調べる ………… 86

天気予報を調べる ………… 87

両替

確認から両替 ……………… 88

その他 ………………………… 89

宅配・郵便

お客様宛 ……………………… 91

お客様発送 …………………… 91

案内

道案内 ………………………… 93

COLUMN

道案内をしてみよう！ ……… 96

＜道案内＞関連単語集 ……… 97

観光・イベント案内 ………… 98

Part 1 関連単語集 ………… 102

Part 2 電話対応

宿泊予約

予約受付 ・・・・・・・・・・・・・・・ 108
予約不可 ・・・・・・・・・・・・・・・ 109
客室タイプの希望 ・・・・・・・・・ 110
金額と支払い ・・・・・・・・・・・・ 112
予約の確定 ・・・・・・・・・・・・・ 113
予約の確認 ・・・・・・・・・・・・・ 114
予約の変更 ・・・・・・・・・・・・・ 116
予約の取り消し ・・・・・・・・・・ 117
設備・施設の問い合わせ ・・・・ 118

外線の取り次ぎ

客室へつなぐ ・・・・・・・・・・・・ 120
館内呼び出し ・・・・・・・・・・・・ 122
お客様の不在 ・・・・・・・・・・・・ 123

伝言

伝言を受ける ・・・・・・・・・・・・ 125
伝言を伝える ・・・・・・・・・・・・ 128

客室からの電話

客室からの内線 ・・・・・・・・・・ 129
客室からの外線 ・・・・・・・・・・ 129

国際電話

着信受付 ・・・・・・・・・・・・・・・ 130
発信受付 ・・・・・・・・・・・・・・・ 131
通話料金の問い合わせ ・・・・・・ 135

Part 2 関連単語集 ・・・・・・・・・ 136

Part 3　館内施設&レストラン

●ギフトショップ・売店

迎え入れる …… 140
最初の応対 …… 141
用途・特徴の説明 …… 142
会計 …… 143

COLUMN

＜お土産＞関連単語集 …… 145

●レストラン

予約の受付（電話） …… 146
営業の案内（電話） …… 148
予約の確定（電話） …… 148
迎え入れる …… 149
席への案内 …… 152
注文をとる …… 153
料理の説明 …… 157
調理法の説明 …… 158

COLUMN

＜調理法・味・調味料＞関連単語集 …… 160

料理の提供 …… 161
会計 …… 161

●日本の料理

おにぎり …… 164
おこわ …… 164
味噌汁 …… 164
吸い物 …… 165
寿司 …… 165
天ぷら …… 167
そば …… 169
うどん …… 170
すき焼き …… 170
しゃぶしゃぶ …… 172
鉄板焼き …… 174
お好み焼き …… 174
焼肉 …… 176
ラーメン …… 177
甘味 …… 178

COLUMN

＜食材＞関連単語集 …… 180

バー

注文をとる …… 181
酒の説明 …… 182

カフェ

迎え入れる …… 183
注文をとる …… 183
コーヒー・紅茶の説明 …… 184
軽食の説明 …… 184

エステ・マッサージ

受付 …… 186
施術 …… 187
施術の終了 …… 188

ジム・プール

受付 …… 189
説明 …… 189

ベビールーム

受付 …… 190
説明 …… 190
料金 …… 190

Part 3 関連単語集 …… 191

Part 4　クレーム＆トラブル対応

確認・謝罪

トラブル・クレームの受け答え …… 196

クレームに対する謝罪・応対 …… 196

宿泊予約

予約がとれていない …… 198

設備・環境

設備の不具合 …… 199

隣室への苦情（クレームを受ける） …… 202

注意（クレームを伝える） …… 203

その他 …… 204

サービスの応対

ルームサービス …… 205

ハウスキーピング …… 206

ランドリーサービス …… 207

レストラン …… 208

宅配 …… 212

接客態度

応対 …… 213

遺失物

確認 …… 214

応対 …… 215

遺失物が届く …… 216

見つかったとき …… 216

見つからなかったとき …… 217

チェックアウト後の問い合わせ …… 218

警察に届ける …… 218

急病

病状の確認 …… 219

応対 …… 219

救急車を呼ぶ …… 220

災害

避難指示 …… 221

火災 …… 222

地震 …… 223

Part 4 関連単語集 …… 224

Part 5 日本の文化を伝える

●基本情報

人口・国土・面積・
風土・気候 ……… 228
衣食住 ……… 229

●日本の12か月

1月・2月 ……… 230
3月・4月・5月 ……… 231
6月・7月 ……… 232
8月・9月・10月 ……… 233
11月・12月 ……… 234

●伝統の衣服

男女の着物 ……… 235
付属品 ……… 236

●建物

城・寺 ……… 237
神社 ……… 238

●芸能

歌舞伎・能・狂言・文楽 ……… 240

●武道

相撲・柔道・剣道 ……… 241

●芸術

浮世絵・書道・華道・茶道 ……… 242

●工芸

和紙・漆器・陶磁器 ……… 243

●ポップカルチャー

マンガ ……… 244
アニメ・ゲーム ……… 245
その他 ……… 245

Part 5 関連単語集 ……… 246

パート別 INDEX ……… 247

本書の使い方

本書では、ホテルの業務に合わせたフレーズを、場面ごとに紹介しています。必要なものには、補足説明も記載しました。また、本書で紹介するフレーズは音声に収録しています。合わせてご活用ください。

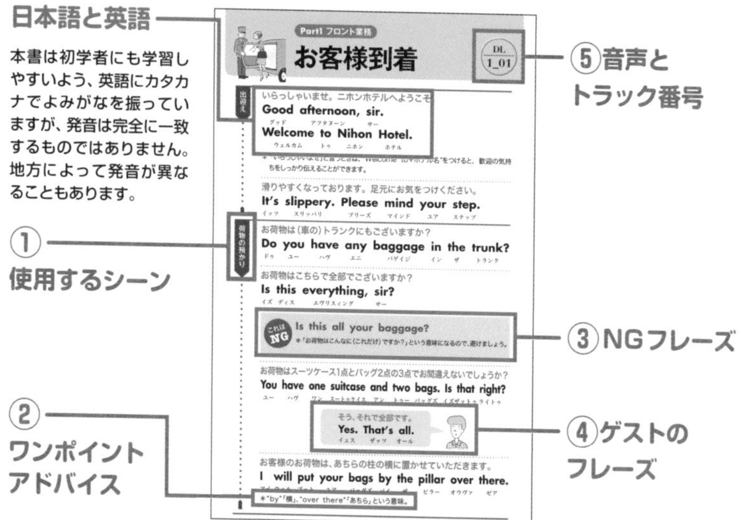

①使用するシーン

フレーズを使用するシーンを挙げました。対応する際の会話の流れや、決まり文句など、実際のやりとりに役立ててください。

②ワンポイントアドバイス

単語・熟語の意味や同じ意味の言い回しなど、フレーズに関する補足説明です。

③NGフレーズ

つい使ってしまいがちなフレーズを紹介します。なぜNGかという解説も掲載しています。参考にして、正しいホテル英会話を身につけましょう。

④ゲストのフレーズ

ゲストからの質問や応答のフレーズです。よくある質問や応答を取り上げているので、前後にある受け答えのフレーズとあわせて覚えておきましょう。

DL 0_00

音声ダウンロードについて

音声ファイルはナツメ社のウェブサイト（https://www.natsume.co.jp）の「音声DL版　的確に伝わる！　ホテルの英会話」のページよりダウンロードできます。
ファイルを開く際には以下のパスワードをご入力ください。
パスワード：N9TSwufv
ダウンロードした音声は、パソコンやスマホのMP3対応のオーディオプレーヤーで再生できます。
※ダウンロードした音声データは本書の学習用途のみにご利用いただけます。データそのものを無断で複製、改変、頒布（インターネット等を通じた提供を含む）、販売、貸与、商用利用はできません。
※ダウンロードした音声データの使用により発生したいかなる損害についても、著者及び株式会社ナツメ社、ナツメ出版企画株式会社は一切の責任を負いかねますのでご了承ください。

ホテル英会話を マスターしよう

日常英会話では意識することのない「気配り」が重要になる
「ホテルでの英会話」。ここではその心得やホテルで
よく使う言い回し、フレーズなどを紹介します。
ホテル業務にはもちろん、フォーマルな会話が
必要な場面でも役立ちます。

ホテルではみんなが英語を使っています！

Front Reception
フロントレセプション

Receptionist
レセプショニスト
チェックイン、チェックアウトなどの手続きを行います。

Porter
ポーター
お客様をフロントレセプションにご案内したり、部屋まで荷物を運んだりします。

Restaurant
レストラン

Waiter／Waitress
ウェイター／ウェイトレス
オーダーを取ったり、料理の説明を行ったりします。

Entrance
入り口
Doorman
ドアマン
お客様を入り口までご案内
します。
Porter
ポーター
Concierge / Lobby Manager
コンシェルジュ／ロビーマネージャー
お客様からの問い合わせや相談に対応しま
す。クレームの対応も行います。
Operator Room
交換台
Operator
オペレーター
お客様からのご予約などの
電話に対応します。
Guest Room
客室
Porter
ポーター
お客様にお部屋や館内の説
明を行います。

Lesson1

ホテル英会話の心得

お客様を迎えるホテルでは、フォーマルな会話が求められます。ホテルで働く人が知っておくべき心得をみていきましょう。

丁寧な表現で話す

May I ～？や Could you ～? の表現を使う

お客様とホテルの従業員の会話は、「主従関係」が基本。そのため、「丁寧さ」が重視されます。日本語同様、英語でも、敬語や丁寧な表現を心がけることが大切です。

英語に苦手意識があると、会話を早く終わらせようと、早口になってしまうこともあることでしょう。また、お客様との会話に慣れてきたり、英語が得意だったりすると、スラングやくだけた表現を用いがち。しかし、お客様との会話では、どんなときでも丁寧な応対が求められます。“May I～？”（～いたしましょうか？）や “Could you～？”（～していただけますか？）など、よく使う表現を覚えておきましょう。

よく使う4つの言い回し

- ☑ **May I ～ ?** （～いたしましょうか?）
- ☑ **Could you ～ ?** （～していただけますか?）
- ☑ **Would you like [prefer] ～ ?** （～いたしましょうか?）
- ☑ **I'm afraid ～ .** （あいにく～です。）

お客様への「親しみ」を表現
挨拶、名前の呼びかけ

どんなに丁寧な話し方でも、お客様に寄り添う気持ちがなければ、慇懃無礼と受け取られてしまうこともあります。お客様を尊重し、親しみを感じていることを、態度と言葉で伝えることが大切です。

その最たるものが「挨拶」です。オークラ東京では、常日頃から、お客様とすれ違うときは、「ながら動作」の会釈でなく、立ち止まって挨拶することを徹底しています。

外国籍のお客様には必ずアイコンタクトをとり、“Good afternoon, Mr. Smith. Have a nice day.”（こんにちは、スミスさま。よい一日をお過ごしください）などと言います。このとき、相手の名前を添えることで、より親しみや敬意を込めることができます。

Good afternoon, Mr. Smith.
Have a nice day.
（こんにちは、スミスさま。よい一日をお過ごしください）

＊名前がわからない場合は、男性には Sir 、女性には Ma'am（または Madam ）を用います。

「話し上手」よりも「聞き上手」
まずは相手の話を聞く

よいサービスを提供するためには、お客様の状況や要望を正しく理解することが大前提です。お客様が気持ちよく話せるよう、「聞き上手」を心がけましょう。このとき、相手の話を黙って聞かず、理解していることを伝えるために、“Certainly, sir.” や “I understand, ma'am.” などのあいづちを打つことがポイントです。くだけすぎた表現はＮＧ。「丁寧な表現をタイミングよく」がコツです。

Certainly, sir.
I understand, ma'am.
uh-huh,
Yeah.

また、相手の話していることが聞き取れなかったときは、“Could you speak more slowly, please?”（もう少しゆっくり話していただけますか？）、“Let me make sure what you said.”（あなたの言ったことを確認させてください）などと言い、内容をきちんと把握することが大切です。

Could you speak more slowly, please?
（もう少しゆっくり話していただけますか？）

Let me make sure what you said.
（あなたの言ったことを確認させてください）

“I'm sorry” の連発は避ける
要望に沿えないときははっきり伝える

日本人は外国の人と比べると、いくぶん声が小さく、話し方も曖昧な傾向があります。外国のお客様と英語で話すときは、意識して声は大きく、語尾まではっきり発音するようにしましょう。特に “Yes.” “No.”

は明確に伝えることが大切です。

反対に、愛想笑いや、見て見ぬ振り、“I'm sorry.” の連発は避けましょう。トラブルが起きるとつい口にしがちですが、“I'm sorry.” は日本語の「すみません」ほど汎用性はなく、謝罪の言葉です。そのため、“I'm sorry.” と言うと、お客様はこちらが非を認めたと理解し、トラブルを招くこともあります。相手の要望に沿えないときは、その旨をきちんと伝えるようにしましょう。このとき、“ I'm afraid ～ .”（あいにく～です）などの言い回しを使えば、申し訳ないという気持ちを表すことができます。

I'm afraid I can't do that.
（申し訳ございませんがそれはできかねます）

英語が母国語でないお客様への対応
よりわかりやすい表現や言葉で話す

最近は英語が母国語ではないお客様も増えています。そのため、よりわかりやすい話し方が求められます。

ポイントは、「できるだけゆっくりと話すこと」と「簡単な表現や単語を用いること」。重要なことは、紙に書いて説明するのもよいでしょう。

一方、相手の英語が聞き取りにくい場合は、相手にきちんと聞き返したり、相手の言ったことを復唱したりして、確認することが大切です。

「できません」「わかりません」はNG
提案する姿勢を心がける

ホテルは最高のサービスを提供する場です。お客様のご要望に沿うことが難しい場合でも、「できません」「わかりません」は、極力口にしないことが大切です。“I think ～.”（～と思います）や “Maybe ～.”（たぶん～です）などの曖昧な言い方は、トラブルを招くことも。要望に沿えない場合は、お客様のご意向を伺いながら、別の案を提案することを心がけましょう。

●トラブルを避ける提案の言い方

I'm afraid ～.
（あいにく～です）
If possible ～.
（もし可能なら～）

＊最初に断ったうえで、あらためてお客様のご意向を伺う。

I will try my best.
（やってみます）

＊全てを満たした提案はできなくても、「やってみる」ことを示すのも重要。

I don't do that.
（できません）
I don't know.
（わかりません）

I think ～.
（～と思います）
Maybe ～.
（たぶん～です）

男性は「Mr.（ミスター）」、女性は「Ms.（ミズ）」が無難
敬称の表現はさまざま

外国からのお客様のなかには、社会的な地位や序列を重視する人も多くいます。チェックインの順番や部屋の階層など、気をつけるべき点はたくさんあります。

なかでも「敬称」には気をつけましょう。既婚女性には "Mrs." 、独身女性には "Miss" と習った人も多いと思いますが、女性に対しては既婚未婚に関わらず "Ms." を用いた方がよいでしょう。

相手が教授や医師の場合は "Dr." などをつけることもあります。

また、高位・高官の大使の場合は "His / Her Excellency" や "Mr. / Ms. Ambassador" などをつけることもあります。 ただし、世界共通ではないこともあり、正確に把握することは難しい場合も少なくありません。そのような場合、"Mr." や "Ms." を用いるのが無難でしょう。

時には主語を I（私）にする
「応対しているのは自分」という自覚をもつ

ここまで、ホテル英会話の基本的な心得をご紹介してきましたが、一貫して求められるのは「ホテルを代表している」という意識をもつことです。

具体的な方法としては、必要に応じて主語を We ではなく I にすること。例えば、レストランの営業時間など、ホテル全体のことを伝える場合は We を用いますが、自分自身が応対するときは I を用います。つまり、「私たち（ We ）が応対する」というのではなく、「私（ I ）がホテルを代表し、責任をもって応対しています」という姿勢を表します。

日本語では、「私どもでは」「当方では」などと、主語を会社や所属団体にすることが多いため、英語で話すときもそのまま訳し、 We を使いがちです。しかし、英語は日本語とは別の言語であることも考慮し、I と We の両方を使うようにしましょう。

コンシェルジュ、
レセプショニスト、オペレーター

ホテル英会話の心得

ここでは、特に外国人のお客様と接する機会が多いコンシェルジュ、レセプショニスト、オペレーターを取り上げ、それぞれの立場での英語の使い方をまとめました。

外国人ゲストと接点の多いおもな業種

＊オークラ東京の場合

ドアマン Doorman ／ポーター Porter

お客様のお部屋までのご案内から、ロビー周辺での案内業務を行います。ホテルの玄関であるロビーの顔ともいえるエリアを担当します。

コンシェルジュ Concierge／ロビーマネージャー Lobby Manager

お客様の観光旅行のお手伝いや劇場の予約など、おもにゲストの滞在をサポートする業務です。

レセプショニスト Receptionist

お客様のチェックイン業務と、チェックアウトするお客様の精算や外貨両替業務を行なうキャッシャー業務があります。

オペレーター Operator

電話やインターネットを通じて客室の予約を承る宿泊予約の中心的な業務です。

ウェイター、ウェイトレス Waiter / Waitress

レストランでオーダーを取ったり、料理や飲み物をサービスしたりする業務です。

コンシェルジュ Concierge

お客様から、さまざまな要望をうかがう仕事です。お客様一人ひとりのご要望に沿った情報を提供します。

必須フレーズ

What would you like to do?
ワット　ウッジュー　ライク　トゥ　ドゥー
何をなさりたいですか？

観劇や観光などの相談を受けたときは、有名スポットだけを伝えるのではなく、相手の好みや要望を聞き、その人に合った情報を提供することが大切です。

May I ask where you would like to go?
メイ　アイ　アスク　ウェア　ユー　ウドゥ　ライク　トゥ　ゴー
どちらを訪れたいか(どちらに行きたいか)、教えていただけますか。

相手が行きたい場所があるかどうか、まずはうかがうことも大切です。

Ginza is like Fifth Avenue in New York.
ギンザ　イズ　ライク　フィフス　アベニュ　イン　ニュー　ヨーク
銀座は、ちょうどニューヨークの五番街のような街です。

おすすめする街の雰囲気を伝えるときは、具体的な場所を例に挙げると、相手も想像しやすいでしょう。

レセプショニスト Receptionist

お客様の目の前で行う仕事が多いため、常に相手に声をかけながら作業を進めることが大切です。

必須フレーズ

May I have a moment?
メイ アイ ハブ ア モーメン
I am trying to find
アイム トゥライング トゥ ファインド
another room.
アナザァ ルーム
お時間を少しいただけますか？
いま、別の部屋を探しています。

フロントレセプションの仕事は、お客様の前で応対することが大半。相手に逐一状況を伝えながら作業を進めると、相手も安心します。その際、「お時間をいただけますか」と最初に伝えるのがベスト。

Please enjoy your stay with us.
プリーズ インジョイ ユア ステイ ウィズ アス
どうぞごゆっくりご滞在をお楽しみくださいませ。

お客様に部屋の鍵を渡す際は黙って差し出さず、歓迎の気持ちを表すことが大切です。

We look forward to welcoming
ウィー ルック フォーワァドゥ トゥ ウェルカミン
you back soon.
ユー バック スーン
またのお越しをお待ちいたしております。

チェックアウトされるお客様を送り出す際は、「ありがとうございました」だけではなく、またのご来訪をお待ちする気持ちを伝えましょう。

オペレーター Operator

声だけの対応になるため、対面での接客以上に明確さ、丁重さを意識することが大切です。誤解を与えないようにしましょう。

必須フレーズ

Let me confirm that I have your reservation correct.
レットゥ ミー コンファーム ザット アイ ハブ ユア レザヴェイション コレクト

あなたの宿泊予約を確認させてください。

電話での対応は声だけになるため、相手に誤解を与えないよう、確認を取ることが求められます。

We are terribly sorry but we are not able to do that.
ウィー アー テリブリ ソーリィ バッ ウィ アー ノット エーブル トゥ ドゥ ザット

誠に申し訳ございませんが、それはできかねます。

顔が見えない状況で「できない」ことを伝えるときは、より丁重さが求められます。 "We are sorry ～ ." に "terribly"（まことに／たいへん）をつけて、申し訳ないという気持ちをお伝えします。

Thank you for accepting our proposal.
サンキュー フォー アクセプティング アワ プロポーザル

こちらの提案を受け入れていただき、ありがとうございます。

ご提案した代替え案をお客様が受け入れてくれたときは、感謝の気持ちを伝えます。また、最後に内容をもう一度繰り返し、相手に伝わっているか確認することも大切です。

Lesson2

覚えておきたい基本の言い回し

ホテル英会話の基本の言い回しをご紹介します。お客様の前でもすぐに口に出せるように、繰り返し練習しておきましょう。

Could you 〜 ? 〜していただけますか？
クッジュー

おもにお客様に何かをお願いするときに使う言い回しです。

さまざまな場面で

Could you speak more slowly, please?
クッジュー　スピーク　モア　スローリー　プリーズ
もう少しゆっくり話していただけますか。

さまざまな場面で

Could you wait a moment, please?
クッジュー　ウェイタ　モーメン　プリーズ
少々お待ちください。

さまざまな場面で

Could you wait a little longer, please?
クッジュー　ウェイタ　リトゥ　ロンガー　プリーズ
今しばらくお待ちいただけますか？

ロビーなどで

Could you check in at the reception counter?
クッジュー　チェッキン　アトゥ ザ　リセプション　カウンター
受付カウンターでご到着の手続きをお願いいたします。

May I ～？ ～いたしましょうか？

メイ　アイ

お客様に、「何かお手伝いをしましょうか」と声を掛ける場面でよく使います。

ロビーなどで

May I help you with your luggage?
メイ　アイ　ヘルプ　ユー　ウィズ　ユア　ラゲッジ
荷物を運ぶのを手伝いましょうか？

さまざまな場面で

May I assist you?
メイ　アイ　アシスチュー
何か役に立てることはありますか。

フロントレセプションで

May I have your reservation number?
メイ　アイ　ハブ　ユア　レザヴェイション　ナンバ
ご予約番号をいただけますか。

Would you like [prefer] ～？

ウッジュー　ライク　プリファ

～いたしますか？

おもにお客様のご要望を聞くときの言い回しです。

レストランなどで

Would you like a high chair for the baby?
ウッジュー　ライカ　ハイ　チェア　フォー　ザ　ベイビー
ベビーチェアをお使いになりますか？

レストランなどで

Would you prefer a table near the window?
ウッジュー　プリファー　ア　テーブル　ニア　ザ　ウィンドウ
窓側の席をご希望ですか？

フロントレセプションで

Would you like to pay by credit card?
ウッジュー　ライク　トゥ　ペイ　バイ　クレデイットゥ　カード
お支払はカードですか？

I'm afraid ～. あいにく～です。

アイム　アフレイド

要望に沿えないときの説明や、丁寧にお断りするときの言い回しです。

交換台などで

I'm afraid we are fully booked.
アイム　アフレイド　ウィー　アー　フリー　ブックトゥ
あいにく満室です。

レストランなどで

I'm afraid we only accept orders for lunch until 2:30.
アイム　アフレイド　ウィー　オンリー　アクセプトゥ　オーダーズ　フォー　ランチ　アンティル　トゥー サーティ
あいにくお昼のラストオーダーは2時30分までです。

フロントレセプションで

I'm afraid your room is not ready yet.
アイム　アフレイド　ユア　ルーム　イズ　ノット　レディ　イエット
申し訳ありませんが、お部屋のご用意がまだできておりません。

Is there anything else ～？

イズ　ゼア　エニィスィング　エルス

ほかに～がありますか？

ほかになにか要望があるかどうかを尋ねるときに使う言い回しです。

さまざまな場面で

Is there anything else
イズ　ゼア　エニィスィング　エルス
you would like to have?
ユー　ウドゥ　ライク　トゥ　ハブ
ほかに何かほしいものはございますか？

さまざまな場面で

Is there anything else
イズ　ゼア　エニィスィング　エルス
that I can do for you?
ザット　アイ　キャン　ドゥー　フォー　ユー
ほかに何かいたしましょうか（お手伝いいたしましょうか）。

Lesson3

覚えておきたい必須フレーズ

ここで紹介するフレーズは、ホテルで特によく使うひと言です。
とっさのときにすぐに言えるように、暗記しておきましょう。

☑ **Welcome to The Okura Tokyo.**

ウェルカム トゥ ジ オークラ トーキョー

ようこそオークラ東京へ(いらっしゃいませ)。

＊“Welcome to ～” の後は、具体的なホテル名を入れます。

☑ **Have a nice day.**

ハヴァ ナイス デイ

いってらっしゃいませ。

＊日本語の「いってらっしゃい」は、英語では “Have a nice day.” に。ご出発されるお客様には、“Have a nice trip.” などと言います。

☑ **Good morning [afternoon / evening].**

グッドゥ モーニン アフタヌーン イーブニン

おはようございます(こんにちは／こんばんは)。

＊お客様には必ず挨拶します。時間帯に合わせて使い分けましょう。

☑ **May I assist you?**

メイ アイ アシスチュー

何かお困りですか?

＊お客様が困っているときは、このように声をかけます。

☑ **May I show you the way?**

メイ アイ ショー ユー ザ ウェイ

ご案内いたしましょうか?

＊たとえば、館内の店の場所を聞かれて案内するような状況で使います。

☑ **Thank you for coming.**
サンキュー フォー カミング

ご来館ありがとうございます／ありがとうございました。

＊直訳すると、「お越しいただきありがとうございます」。心を込めて言いましょう。

☑ **Could you wait a moment, please?**
クッジュー ウェイタ モーメン プリーズ

少々お待ちください。

＊お客様をお待たせする場合は、このようなひと言を必ず添えましょう。

☑ **Certainly, sir [ma'am].**
サートゥンリィ サァ マム

もちろんでございます。

＊お客様に返事をするときは、“Yes.” を連発せず、“Certainly.” や “Sure.” を使いましょう。

☑ **Here's your key.**
ヒアズ ユア キー

こちらがお部屋の鍵です。

＊お客様に鍵をお渡しする際は、このように言います。黙って渡すのはＮＧです。

☑ **Can I help you?**
キャナイ ヘルプ ユー

お手伝いいたしましょうか？

＊“May I assist you?” と同様、お客様が困っている状況で声をかけるときの決まり文句です。

☑ **It will be ready soon.**
イット ウィル ビー レディ スーン

ただいまご用意いたします。

＊相手が待っているような状況で添えるひと言です。黙って行なわず、言葉にすることが大切です。

☑ **Is there anything wrong?**
イズ ゼア エニスィング ロング

なにか不都合がございましたでしょうか？

＊相手が何か不満をもっていることがわかるような状況で使います。

☑ **Could you wait for five minutes, please?**
クッジュー ウェイトゥ フォー ファイブ ミニッツ プリーズ

5分お待ちいただけますか？

＊「お待ちいただけますか？」は、“Would you mind waiting?” と言ってもＯＫ。

☑ **Let me make sure what you said.**
レット ミー メイク シュア ワットゥ ユー セッド

あなたの言ったことを確認させてください。

＊念のため、相手の言ったことを確認するときに使います。

☑ **You are most welcome.**
ユー アー モースト ウェルカム

喜んでさせていただきます。

＊相手に「ありがとう」と言われたときに返す言葉。丁寧な「どういたしまして」を表します。

☑ **Would you like separate bills?**
ウッジュー ライク セパレート ビルズ

明細をお分けいたしますか？

＊会計時など領収書を発行するときに尋ねる言い方です。

☑ **If you need anything,**
イフ ユー ニードゥ エニスィング
please call us by dialing 5.
プリーズ コール アス バイ ダイアリング ファイブ

なにかご用命がございましたら、ダイヤル5番へおかけください。

＊チェックイン時やお部屋にご案内した後にかけるひと言です。

うっかり使いがちなNG表現

OK. やYeah. など、うっかり口から出てしまう言葉を挙げてみました。お客様に対しては常に丁寧な言い方を心がけましょう。

お客様を見送るとき

Bye.

バイ

さよなら。

ぶっきらぼうな印象を与えてしまいます。"Have a nice day." などの言い方が◎。

聞き返すとき

What?

ワット?

えっ?

相手をバカにしたような響きに聞こえてしまいます。聞き返す場合は "Pardon?" が◎。

わからないことを伝えるとき

Don't know.

ドンッ　ノウ

わからないよ。

"I don't know." と略さずに言います。但し、お客様に「わかりません」と言うのは好ましくないので、別案を提案することを心がけて。

名前を尋ねるとき

What's your name?

ウァッツ　ユア　ネーム

名前は?

「お名前は?」と聞いているつもりでも、「なんて名前?」のような響きに聞こえます。"May I have your name?" が◎。

返事をするとき①

Yeah.

ヤー

うん。

友だち同士では問題ありませんが、主従関係のある場合はNG。"Yes." や "Sure." が◎。

返事をするとき②

OK.

オウケイ

いいよ。

*カジュアルな返答のしかたです。"Yes, sir [ma'am]." や "Certainly, sir [ma'am]." が◎。

Part 1
フロント業務

フロント業務では、お客様の出迎えから
客室サービス、見送りまで
ていねいでわかりやすい
応対が求められます。

ロビー・フロントで使うフレーズ&単語

Porter
ポーター
Hi.
こんにちは。
P.37
Could you check in at the reception counter over there, please?
あちらの受付カウンターでご到着の手続きをお願いいたします。
Bye!
Lobby Manager
ロビーマネージャー
P.63
We look forward to seeing you again.
またのお越しをお待ちしております。

Receptionist
レセプショニスト
P.38
May I have your name, please?
お名前をお伺いしてもよろしいですか？
John Smith.
ジョン・スミスです。
Thank you.
ありがとう。
baggage
荷物
Porter
ポーター
P.47
I'll show you to your room.
お部屋へご案内いたします。

Part1 フロント業務

お客様到着

出迎え

いらっしゃいませ。ニホンホテルへようこそ。

Good afternoon, sir.
グッド アフタヌーン サー

Welcome to Nihon Hotel.
ウェルカム トゥ ニホン ホテル

＊「いらっしゃいませ」と言うときは、“Welcome to+ホテル名”をつけると、歓迎の気持ちをしっかり伝えることができます。

滑りやすくなっております。足元にお気をつけください。

It's slippery. Please mind your step.
イッツ スリッパリ プリーズ マインド ユア ステップ

荷物の預かり

お荷物は（車の）トランクにもございますか？

Do you have any baggage in the trunk?
ドゥ ユー ハヴ エニ バゲイジ イン ザ トランク

お荷物はこちらで全部でございますか？

Is this everything, sir?
イズ ディス エヴリスィング サー

Is this all your baggage?

＊「お荷物はこんなに（これだけ）ですか？」という意味になるので、避けましょう。

お荷物はスーツケース1点とバッグ2点の3点でお間違えないでしょうか？

You have one suitcase and two bags. Is that right?
ユー ハヴ ワン スートゥケイス アン トゥー バッグズ イズザットゥライトゥ

そう、それで全部です。

Yes. That's all.
イェス ザッツ オール

お客様のお荷物は、あちらの柱の横に置かせていただきます。

I will put your bags by the pillar over there.
アイ ウィル プット ユア バッグズ バイ ザ ピラー オウヴァ ゼア

＊“by”「横」、“over there”「あちら」という意味。

ポーターがフロントへご案内いたします。

Our porter will show you to the front desk.

アワ　ポーター　ウィル　ショウ　ユー　トゥ　ザ　フロント　デスク

フロントへご案内いたします。こちらへどうぞ。

I'll show you to the front desk.

アイル　ショウ　ユー　トゥ　ザ　フロント　デスク

This way, please.

ズィス　ウェイ　プリーズ

あちらの受付カウンターでご到着の手続きをお願いいたします。

Could you check in at the reception counter over there, please?

クッジュー　チェッキン　アトゥザ　リセプション　カウンタ　オウヴァ　ゼア　プリーズ

チェックインの手続きがお済みになりましたら、ポーターがお部屋までご案内申しあげます。

A porter will show you to your room when you have finished checking in.

ア　ポーター　ウィル　ショウ　ユー　トゥ　ユア　ルーム　ウェン　ユー　ハヴ　フィニシュトゥ　チェッキンギン

受付は、並んでお待ちいただけますでしょうか？

Could you stand in line for registration, please?

クッジュー　スタンディン　ライン　フォー　レジストレイション　プリーズ

＊"stand in line"で「並ぶ」を表します。

わかりました。

Okay. Fine.

オウケイ　ファイン

ごゆっくりおくつろぎください。

We hope you have a pleasant stay.

ウィー　ホウプ　ユー　ハヴァ　プレザントゥ　ステイ

こちらが受付カウンターでございます。

This is the reception counter.

ズィス　イズ　ザ　レセプション　カウンター

Part1 フロント業務

チェックイン

DL 1_02

予約確認（予約あり）

いらっしゃいませ。チェックインでございますか？

Good afternoon, sir.
グッドゥ　アフタヌーン　サー

Would you like to check in?
ウッジュー　ライク　トゥ　チェッキン

Good afternoon, Mr.[Ms.]

＊"Mr.[Ms.]"は失礼な表現です。"sir[ma'am]"、もしくはラストネームをつけ加えて"Mr.[Ms.] Smith"を使います。

予約番号をお願いいたします。

May I have your reservation number?
メイ　アイ　ハヴ　ユア　レザヴェイション　ナンバ

ご予約ありがとうございます。

Thank you for your reservation.
サンキュー　フォー　ユア　レザヴェイション

お名前をお伺いしてもよろしいですか？

May I have your name, please?
メイ　アイ　ハヴ　ユア　ネイム　プリーズ

ジョン・スミスです。
John Smith.
ジョン　スミス

お名前は、どのように綴りますか？

How do you spell your name, please?
ハウ　ドゥ　ユー　スペル　ユア　ネイム　プリーズ

＊"your name"を省略して"that（ザット）"を用い、"How do you spell that, please?"と言ってもよいでしょう。

スミス様、お待ちしておりました。

Mr. Smith, welcome to our hotel.
ミスタァ　スミス　ウェルカム　トゥ　アワ　ホテル

宿泊登録カード（レジストレーションカード）のご記入をお願いいたします。

Could you fill out the registration card, please?
クッジュー　フィラウトゥ　ザ　レジストレイション　カード　プリーズ

パスポートをご提示ください。

Could you show me your passport?

クッジュー　ショウ　ミー　ユア　パスポート

本日からツインルームで2泊のご予約をいただいております。

Your reservation is for a twin room for two nights.

ユア　レザヴェイション　イズ　フォー　ア　ツイン　ルーム　フォー　トゥー　ナイツ

＊英：“You are booked for (ユー アー ブックトゥ フォー)”

お支払いはどのようになさいますか？

How would you like to pay?

ハウ　ウッジュー　ライク　トゥ　ペイ

How will you pay?

＊「いったいどうやって支払うつもりですか？」というニュアンスを含んだ失礼な表現になります。

現金でお支払いの場合は、宿泊代の1.5倍の料金を前金として頂戴しております。

If you pay in cash, we require a deposit of one and a half times of your room fee.

イフ　ユー　ペイ　イン　キャッシュ　ウィー　リクワイア　ア　ディパズィットゥ　オヴ　ワン　アンダ　ハーフ　タイムズ　オブ　ユア　ルーム　フィー

館内のレストランやジム、ルームサービスなどをご利用された場合のお支払いは、チェックアウト時にご清算ください。

Could you settle any incidental charges when you check out, please?

クッジュー　セトル　エニ　インシデンタル　チャージズ　ウェン　ユー　チェッカウトゥ　プリーズ

＊“incidental charges”で「付随の費用」という意味。

チェックアウトなさる際に、会計でご署名をお願いいたします。

Could you sign at the cashier's counter, when you check out, please?

クッジュー　サイン　アットゥ　ザ　キャッシャーズ　カウンター　ウェン　ユー　チェッカウトゥ　プリーズ

ご出発日を確認させていただけますでしょうか？

May I reconfirm your departure date, please?

メイ　アイ　リコンファーム　ユア　ディパーチャ　デイトゥ　プリーズ

こちらがお部屋の鍵でございます。

Here is your room key.

ヒア イズ ユア ルーム キー

＊“Here is ～”は、物を渡すときに使う表現です。

お部屋の鍵はご出発までお持ち頂けますでしょうか？

Please keep your room key until you check out.

プリーズ キープ ユア ルーム キー アンティル ユー チェッカウトゥ

お客様のお部屋は10階（の1015号室）でございます。

Your room is (#1015) on the 10th Floor.

ユア ルーム イズ テンフィフティーン オン ザ テンス フロア

貴重品は、フロントのセーフティーボックスをご利用ください。

A safety deposit box for any cash or valuables is available at the front desk.

ア セイフティ ディポズィットゥ ボクス フォー エニ キャッシュ オア ヴァリュアブル イズ アヴェイラブル アトゥ ザ フロント デスク

お部屋の準備ができるまで、あちらのソファでお待ちください。

Please wait at that sofa area until your room is ready.

プリーズ ウェイトゥ アット ザットゥ ソゥファ エリア アンティル ユア ルーム イズ レディ

クーポンを利用したいのですが。

I'd like to use this coupon.

アイドゥ ライク トゥ ユーズ ズィス クーポン

残念ながら、こちらのクーポンはご予約時にお使いいただかないと、有効ではございません。

Unfortunately, you have to use that coupon at the time of booking for it to be valid.

アンフォーチュネイトリ ユー ハフ トゥ ユーズ ザットゥ クゥポン アット ザ タイム オヴ ブッキング フォー イットゥ トゥ ビ ヴァリッド

申し訳ありませんが、お部屋のご用意がまだできておりません。

I'm afraid your room is not ready yet.

アイム アフレイド ユア ルーム イズ ノット レディ イエット

チェックインは3時より受付させて頂きますので、それまでお待ちいただけますでしょうか？

Our check-in time is 3:00 o'clock.
アワ チェッキン タイム イズ スリー オクロック

Would you mind waiting until then?
ウッジュー マインド ウェイティング アンティル ゼン

今チェックインされますと、アーリーチェックインの料金がかかってしまいます。

If you check in now, I'll have to charge you
イフ ユー チェック イン ナウ アイル ハフ トゥ チャージ ユー

extra for the early check-in.
エクストラ フォー ディ アーリ チェッキン

予約確認（予約なし）

ご案内できるお部屋があるか確認いたします。少々お待ちください。

Let me see if we have an available
レットゥ ミー スィー イフ ウィー ハヴ アナヴェイラブル

room. Could you wait a moment, please?
ルーム クッジュー ウェイトゥ ア モーメン プリーズ

何名様ですか？

How many persons?
ハウ メニ パーソンズ

＊"For how many?／How many?"と言ってもOKです。

シングルルームがご用意できます。よろしいですか？

We have a single room for you.
ウィー ハヴ ア シングル ルーム フォー ユー

Would that be fine?
ウド ザットゥ ビー ファイン

13,000円のお部屋がございますので、2泊ですと26,000円、それに税金が加算されます。

We have a 13,000-yen room available,
ウィー ハヴァ サーティーンサウザンドイェン ルーム アヴェイラブル

so for two nights it would be 26,000
ソー フォー トゥー ナイツ イットゥ ウドゥ ビー トゥエンティスィックスサウザンド

yen, plus tax.
イェン プラス タクス

あいにく本日は満室となっております。

I'm afraid we are fully booked tonight.

アイム　アフレイド　ウィー　アー　フリィ　ブックトゥ　トゥナイト

＊"Unfortunately"や"I'm sorry, but"をつけると、よりていねいな言い方になります。

予約確認（予約不明）

恐れ入りますが、ご予約が見当たりません。どちらでご予約なさいましたでしょうか？

I'm afraid we have no record of your reservation. Where was it made?

アイム　アフレイド　ウィー　ハヴ　ノー　リコード　オヴ　ユア　リザヴェイション　ウェア　ワズ　イット　メイド

どなた様がご予約なさいましたでしょうか？

Who was the reservation made by?

フー　ワズ　ザ　リザヴェイション　メイド　バイ

あいにく、そのお名前では、ご予約はいただいておりません。

I'm afraid I don't have a reservation under that name.

アイム　アフレイドアイドントゥ　ハヴァ　レザヴェイション　アンダー　ザットゥ　ネイム

予約確認書をお持ちでいらっしゃいますか？

Do you have a confirmation letter?

ドゥ　ユー　ハヴ　ア　コンファメイション　レター

失礼ですが、こちらは予約確認書ではございません。

I'm afraid this won't be enough.

アイム　アフレイド　ディス　ウォウント　ビー　イナフ

＊"enough"は"confirmation letter"「予約確認書」を指しています。

他のホテルをお探しいたしましょうか？

Shall I find another hotel for you?

シャル　アイファインド　アナダー　ホテル　フォー　ユー

かしこまりました。ではこの近くでホテルをお探ししてみましょう。

Certainly, sir. I'll book you into a hotel in this area.

サータンリ　サー　アイル　ブック　ユー　イントゥ　ア　ホテル　イン　ディス　エリア

食事の案内

こちらが朝食のチケットです。

This is the breakfast voucher.

ズィス　イズ　ザ　ブレックファスト　ヴァウチャー

何時に朝食をとることができますか？
What time can I have breakfast?
ワッタイム キャナイ ハヴ ブレックファスト

7時30分から9時30分までです。
From 7:30 to 9:30 in the morning.
フロム セヴンサーティ トゥ ナインサーティ イン ザ モーニング
＊正午から午後5時頃は“in the afternoon”、午後5時頃から午後7時頃は“in the evening”、午後7時頃から未明にかけては“at night”と表現します。

時間になりましたら、食堂までお越しください。
Please come to the dining room at that time.
プリーズ カム トゥ ザ ダイニング ルーム アトゥザットゥ タイム
＊ゲストに自分たちのもとへお越しいただくので、“go”ではなく“come”を使います。

食堂の入口で部屋番号をおっしゃってください。
Give your room number at the dining room entrance.
ギヴ ユア ルーム ナンバ アト ザ ダイニング ルーム エントランス

夕食は、夜7時にご用意いたします。
Dinner will be served at 7:00 in the evening.
ディナー ウィル ビー サーヴド アットゥ セヴン イン ディ イヴニング

夕食はお部屋までお運びします。
We'll bring your dinner to your room.
ウィル ブリン ユア ディナー トゥ ユア ルーム

別料金でベジタリアンミールをご用意できます。
We can serve a vegetarian meal for an extra charge.
ウィー キャン サーヴ ア ヴェジタリアン ミール フォー アン エキストラ チャージ

野菜が中心の懐石料理はいかがでしょうか？
How about kaiseki containing mainly vegetable dishes?
ハウ アバウト カイセキ コンテイニング メインリイ ヴェジタブル ディッシイズ

お肉をお魚に替えることは可能です。
You can change a meat dish to fish.
ユー キャン チェインジ ア ミート ディッシュ トゥ フィッシュ

外出時は、鍵をフロントに預けてください。

Please leave your key with the receptionist whenever you go out.

プリーズ リーヴ ユア キー ウィズ ザ リセプショニスト ウェネヴァ ユー ゴウ アウトゥ

＊"leave ... with ～"で「…を～に預ける」という意味。

門限は深夜12時です。

The entrance is closed at midnight.

ディ エントランス イズ クロウズドゥ アトゥ ミッドナイト

チェックアウトは午前10時です。

Checkout must be done by 10:00 a.m.

チェッカウトゥ マストゥ ビー ドウン バイ テン エイエム

フロントデスクは24時間対応しています。

We have 24-hour room service.

ウィー ハヴ トゥエンティフォーアワー ルーム サーヴィス

日本対応のプラグを貸してください。

May I have a Japanese plug adapter?

メイ アイ ハヴァ ジャパニーズ プラグ アダプタ

お部屋までお持ちします。

I'll deliver it to your room.

アイル デリヴァ イットゥ トゥ ユア ルーム

電圧は50Hzの交流100Vですのでご確認ください。

Make sure that your appliance is compatible with 100V and 50Hz.

メイク シュア ザットゥ ユア アプウライアンス イズ コンパティブル ウィズ ワンハンドレッドボルツ アンドゥ フィフティハーツ

ご必要な物があれば、何なりとお申し付けください。

Let us know if you need anything.

レット アス ノウ イフ ユー ニードゥ エニスィング

＊〈Let 人 ....〉は「人に…させてください」という意味の熟語で、一般的にもよく使う表現です。

何かご要望がございましたら、フロントまでお尋ねください。

Please contact the receptionist if you have any requests.

プリーズ コンタクトゥ ザ リセプショニストゥ イフ ユー ハヴ エニ リクウェスツ

幹事様はどなたでいらっしゃいますか？

Who is the tour leader, please?

フー イズ ザ ツアー リーダー プリーズ

ご滞在中のスケジュール等の確認をさせていただけますでしょうか？

I'd like to reconfirm the schedule for the period of your stay.

アイドゥ ライク トゥ リコンファーム ザ スケジュール フォー ザ ピリオドゥ オヴ ユア ステイ

I want to reconfirm the schedule for ....

＊"want to" ではカジュアルな表現になってしまうので、ていねいな "I'd [I would] like to" を使います。

人数のご変更はございませんでしょうか？

Is there any change in the number of persons in your group?

イズ ゼア エニ チェンジ イン ザ ナンバ オヴ パーソンズ イン ユア グループ

ご出発は明朝9時30分と承っております。変更はございますか？

Your checkout time is at 9:30 tomorrow morning. Has there been any change in your schedule?

ユア チェッカウトゥ タイム イズ アトゥナインサーティ トゥモロウ モーニング ハズ ゼア ビーン エニ チェィンジ イン ユア スケジュール

机の上の封筒に、お客様それぞれのお部屋の鍵と、明日の朝食券が入っております。

Your room keys and breakfast meal vouchers are in the envelopes on the desk.

ユア ルーム キーズ アンドゥ ブレックファスト ミール ヴァウチャーズ アー イン ザ エンヴェロゥプス オン ザ デスク

ご自分のお名前が記された封筒をお取りください。

Please take the one which shows your name.

プリーズ テイク ディ ワン ウィッチ ショウズ ユア ネイム

封筒はアルファベット順に並んでおります。

They are arranged in alphabetical order.

ゼイ アー アレンジドゥ イン アルファベティカル オーダ

朝食以外の諸雑費は銘々でお支払いいただきますので、ご出発の際に会計でご精算ください。

Could you pay any incidental charges at the front cashier's desk when you check out?

クッジュー ペイ エニ インシデンタル チャージズ アトゥ ザ フロント キャッシャーズ デスク ウェン ユー チェッカウトゥ

お部屋の鍵もそのとき(会計の際)にお渡しください。

You may hand in your room key at that time.

ユー メイ ハンド イン ユア ルーム キー アトゥ ザットゥ タイム

＊"hand in ..."で「…を提出する」という意味。

お荷物の数は合っておりますでしょうか？

Is this the correct number of bags?

イズ ズィス ザ コレクトゥ ナンバァ アヴ バッグズ

皆様のお荷物は係の者がお部屋まですぐにお届けいたします。

We will deliver your baggage to your room soon.

ウィー ウィル デリヴァー ユア バゲイジ トゥ ユア ルーム スーン

お荷物は明日の朝8時までに、部屋の前に出しておいていただけますか？

Could you place your bags in front of your room by 8:00 a.m. tomorrow?

クッジュー プレイス ユア バッグズ イン フロント オヴ ユア ルーム バイ エイトゥ エイエム トゥモロウ

ご出発は明朝9時30分ですので、遅くとも9時20分までにこの場所にお集まりください。

Your departure time is at 9:30 a.m.

ユア ディパーチャー タイム イズ アトゥ ナインサーティ エイエム

Could you be here by 9:20 a.m. at the latest?

クッジュー ビー ヒア バイ ナイントゥエンティ エイエム アットゥ ザ レイテストゥ

他に何か(ご用は)ございませんでしょうか？

Will there be anything else?

ウィル ゼア ビー エニシング エルス

＊"Is there anything else that I can do for you?"「他に何かいたしましょうか(お手伝いいたしましょうか)？」と言ってもOKです。

部屋までの案内

荷物の確認

これはお客様のお荷物でしょうか？
Is this your baggage?
イズ ズィス ユア バギッジ

お荷物の中に、ご貴重品や壊れ物はございませんでしょうか？
Is there anything valuable or breakable in your bag?
イズ ゼア エニスィング ヴァリュブル オア ブレイカブル イン ユア バッグ

ビン物はご自分でお持ちいただけますでしょうか？
Would you mind taking these bottles with you?
ウッジュー マインドゥ テイキング ズィーズ ボトルズ ウィズ ユー

申し訳ございませんが、壊れるといけませんので。
I'm afraid the contents might break.
アイム アフレイドゥ ザ コンテンツ マイトゥ ブレイク

The contents might break.
＊「中身が壊れるかもしれません」と言うだけでなく、必ず「申し訳ございませんが」「恐れ入りますが」の一言を付け加えましょう。

お荷物はご自分で部屋までお運びいただけますでしょうか？
We ask our guests to take their own baggage to their rooms.
ウィー アスク アワ ゲスツ トゥ テイク ゼア オウン バギィッジ トゥ ゼア ルームズ

ロビーにございますカートをお使いくださいませ。
Please use the cart available in the lobby.
プリーズ ユーズ ザ カートゥ アヴェイラブル イン ザ ロビー

部屋までの誘導

では、スミス様。お部屋へご案内いたします。
Well, Mr. Smith, I'll show you to your room.
ウェル ミスタァ スミス アイル ショウ ユー トゥ ユア ルーム

お客様のお部屋の鍵をお預かりしてもよろしいですか？
May I have your room key, please?
メイ アイ ハヴ ユア ルーム キー プリーズ

どうぞこちらへ。エレベーターはこちらでございます。
Please follow me. Your elevator is this way.
プリーズ　ファロウ　ミー　ユア　エリヴェイタア　イズ　ズィス　ウェイ

右のエレベーターは、16階以上専用のエレベーターでございます。
The elevators on the right are the express
ズィ　エリヴェイタア　オン　ザ　ライトゥ　アー　ズィ　イクスプレス
ones to the 16th floor and above.
ワンズ　トゥ　ザ　スィックスティーンス　フロー　アンダバウ

それら（エレベーター）は各階止まりでございます。
These stop at every floor.
ズィズ　ストップ　アットゥ　エヴリ　フロー
＊「（エレベーターが）止まる」は"stop"を使います。

お客様のお部屋は23階でございますので、右手のエレベーターをご利用ください。
Your room is on the 23rd floor.
ユア　ルーム　イズ　オン　ザ　トゥエンティサードゥ　フロー
Please take the elevator on your right.
プリーズ　テイク　ズィ　エリヴェイタア　オン　ユア　ライトゥ

ただいままいりますので、少々お待ちください。
Just a moment please.
ジャストゥア　モーメン　プリーズ
The elevator will be here soon.
ズィ　エレヴェイタア　ウィル　ビィ　ヒア　スーン

レストランへは、こちらのエレベーターをご利用ください。
Please take this elevator for the restaurant.
プリーズ　テイク　ズィス　エリヴェイタア　フォー　ザ　レスタラントゥ

最上階のバーへいらっしゃるのでしたら、16階でエレベーターをお乗り換えください。
If you would like to go to the bar on the top
イフ ユー　ウッドゥ　ライク トゥ ゴウ トゥ　ザ　バー　オン　ザ　トップ
floor, please change elevators at the 16th floor.
フロー　プリーズ　チェインジ　エリヴェイタアズ アットゥ ザ スィックスティーンスフロー

18階でございます。お先にどうぞ。
This is the 18th floor. After you, sir.
ズィス　イズ　ズィ エイティーンス　フロー　アフタア　ユー　サァ

部屋の説明

こちらがお客様のお部屋でございます。

This is your room.

ズィス イズ ユア ルーム

鍵を差し込んで時計回りにお回しください。

Please insert the key and turn clockwise.

プリーズ インサートゥ ザ キー アンドゥ ターン クロックワイズ

＊「反時計回りに」は“counterclockwise”（米）、“anticlockwise”（英）と言います。

カードキーは、差し込んでからすぐに取り出してください。

Please insert the card key and remove it immediately.

プリーズ インサートゥ ザ カードゥ キー アンドゥ リムーヴ イットゥ イミーディアットゥリィ

緑のランプが点滅している間にドアを開けてください。

Please open the door while the green light is flashing.

プリーズ オウパン ザ ドー ワーイル ザ グリーン ライトゥ イズ フラッシング

＊「点灯」の場合は“on”を使います。

ドアは、オートロックになっております。

The door locks automatically when you close it.

ザ ドー ロックス オータマティカリィ ウェン ユー クロウズ イットゥ

お荷物はどちらに置きましょうか。

Where shall I put your bags?

ウェア シャル アイプットゥ ユア バッグズ

コートは、クローゼットにお掛けしてよろしいですか？

May I hang your coat in the closet, sir?

メイ アイ ハング ユア コウトゥ イン ザ クラーズィットゥ サァ

I'll hang your coat in the closet, sir.

＊「お掛けいたします」と言うときでも，“May I ～?”や“Shall I ～?”を使ったほうが、お客様を尊重している気持ちが伝わります。

カーテンをお開けしましょうか？
Shall I open the curtains for you?
シャル　アイ　オウパン　ザ　カートゥンズ　フォー　ユー

お部屋の温度はいかがでしょうか？
How is the room temperature, sir?
ハウ　イズ　ザ　ルーム　テンパラチャ　サァ

冷房を強くしてくれますか？
Can you turn the cooler up?
キャン　ユー　ターン　ザ　クーラー　アップ

かしこまりました。温度が調整されるまでに、15分ほどかかります。
Certainly, sir, but the temperature will take
サートゥンリィ　サァ　バットゥ　ザ　テンパラチャ　ウィル　テイク
about 15 minutes to adjust.
アバウトゥ　フィフティーン　ミニッツ　トゥ　アジャストゥ

お飲み物は、冷蔵庫の中にございます。
There are drinks in the refrigerator.
ゼア　ラー　ドゥリンクス　イン　ザ　リフリジャレイタァ

チェックアウトの際には、ミニバーの伝票を会計までお持ちくださいませ。
Please take the mini-bar check to the
プリーズ　テイク　ザ　ミニバー　チェック　トゥ　ザ
cashier when you check out.
キャシア　ウェン　ユー　チェッカウトゥ

浴衣は室内で着るためのものですから、外では着ないでください。
Yukata are for indoor use, so please
ユカタ　アー　フォー　インドー　ユース　ソー　プリーズ
don't wear them outside.
ドウントゥ　ウェア　ゼム　アウトゥサイドゥ
＊動詞の“use”は「ユーズ」と発音しますが，名詞の“use”は「ユース」と発音します。

なにかご用命がございましたら、ダイヤル10番へおかけください。
Should you need any assistance, please
シュッドゥ　ユー　ニードゥ　エニー　アシスタンス　プリーズ
call us by dialing 10.
コール　アス　バイ　ダイアリング　テン
＊“Please dial 10 for the front desk if you need any assistance.”「ご用がございましたら、フロント10番をお呼びくださいませ」と言ってもOKです。

チップへの対応

これをとっておいてください。
Here's something for you.
ヒアズ　サムスィング　フォー　ユー

お気持ちは大変ありがたいのですが、私どもはサービス料10%をつけさせていただいております。

That's very kind of you, sir,
ザッツ　ヴェリィ　カインドゥ　オヴ　ユー　サァ
but a 10% service charge is included
バットゥ ア テンパーセントゥ　サーヴィス　チャージ　イズ インクルーディッドゥ
in your bill.
イン　ユア　ビル

＊断わるときは、お礼を言ってから断わるとていねいです。

さようでございますか。それでは、ありがたく頂戴させていただきます。

Well, if you insist, sir.
ウェル　イフ　ユー　インスィストゥ　サァ
Thank you very much indeed.
サンキュー　ヴェリィ　マッチ　インディードゥ

お気持ちは大変ありがたいのですが、私どもはチップを頂かないことになっております。

It's very kind of you, sir,
イッツ　ヴェリィ　カインドゥ　オヴ　ユー　サァ
but I'm afraid
バットゥ アイム　アフレイドゥ
we are not allowed to accept tips.
ウィ　アー　ノットゥ　アラウドゥ　トゥ　アクセプトゥ　ティップス

私どものホテルは、ノーチップ制でございます。

We have no tipping policy in our hotel.
ウィー　ハヴ　ノウ　ティッピング　ポリスィー　イン　アワ　ホテル

日本では、チップの習慣がありません。

There is no tipping custom in Japan.
ゼア　イズ　ノウ　ティッピン　カスタム　イン　ジャパン

Part1 フロント業務

館内施設の案内

案内

当ホテルのご説明をさせていただきます。

Let me tell you about the hotel.

レットゥ ミー テル ユー アバウトゥ ザ ホテル

非常口

非常口は各階の端にございます。

The emergency exit is at the far end on every floor.

ズィ イマージャンスィ エグズィットゥ イズ アットゥ ザ ファー エンドゥ オネヴリィ フロー

非常口は廊下のつきあたりにございます。

The emergency exit is at the end of the hallway.

ズィ イマージャンスィ エグズィットゥ イズ アットゥ ズィ エンドゥ オヴ ザ ホールウェイ

緑色のサインで「出口」とだけ表示されております。

It is indicated by a green sign with "Exit" marked on it.

イットゥ イズ インディケイティッドゥ バイ ア グリーン サイン ウィズ エグズィットゥ マークトゥ オンニットゥ

＊海外の非常口は赤色で表示してあり、"Emergency"「イマージャンスィ」と書かれているので、異なる日本の表示をしっかり伝えしましょう。

非常口のドアは一度外へ出ると, 自動的に閉まるようになっております。

The emergency exit doors lock automatically once you go outside.

ズィ イマージャンスィ エグズィットゥ ドーズ ロック オータマティカリィ ワンス ユー ゴウ アウトゥサイドゥ

もし締め出されましたら, インターホンで保安係にご自分の位置をお知らせください。

If you are locked out, please use the in-house courtesy phone and inform the security section of your location.

イフ ユー アー ロックトゥ アウトゥ プリーズ ユーズ ズィ イン ハウス カーティスィ フォウン アンドゥ インフォーム ザ スィキュリティ セクシュン アヴ ユア ロウケイシュン

AEDはエントランスに設置しています。

An AED is installed in the entrance.

アン エーイーディー イズ インストールドゥ イン ズィ エントゥランス

災害時には階段で避難してください。

If a natural disaster occurs, use the stairs to evacuate.

イフ ア ナチャラル ディザスタァ アカーズ ユーズ ザ ステアズ トゥ イヴァキュエイトゥ

製氷機・自動販売機

お飲み物の自動販売機はエレベーターホールにございます。

There is a vending machine in the elevator hall.

ゼア イズ ア ヴェンディング マシーン イン ズィ エリヴェイタァ ホール

製氷機は自動販売機コーナーにございます。

The ice machine is in the vending machine corner.

ズィ アイス マシーン イズイン ザ ヴェンディング マシーン コーナァ

お飲み物の自動販売機は各階にございます。

There is a vending machine on every floor.

ゼア イズ ア ヴェンディング マシーン オネヴリィ フロー

A drinks vending machine sets on every floor.

＊setで「置く」という意味になるので、is setを使い「置かれている」という表現にします。

自動販売機でのタバコ購入には成人識別カードが必要です。

An age verification card is required to use cigarette vending machines.

アン エイジ ヴェリフィケイシュン カードゥ イズ リクワイアードゥ トゥ ユーズ スィガレットゥ ヴェンディング マシーンズ

館内施設

ロビー階に売店がございます。

We have a shop in the lobby.

ウィー ハヴァ ショップ イン ザ ラビィ

売店は朝9時から夜7時まで営業しています。

The shop is open from 9:00 a.m. to 7:00 p.m.

ザ ショップ イズ オウパン フロム ナイン エイエム トゥ セヴン ピーエム

3階にトレーニングジムがあります。

The fitness gym is on the 3rd floor.

ザ フィットゥネス ジム イズ オン ザ サードゥ フロー

プールは3階のジムにございます。
There is a pool in the gym on the 3rd floor.
ゼア　イズ ア　プール　イン　ザ　ジム　オン　ザ　サードゥ　フロー

プールは何時から使えますか？
When can I use the pool?
ウェン　キャナイ ユーズ　ザ　プール

プールは朝8時から夜9時まで営業しております。
The pool is open from 8:00 a.m. to 9:00 p.m.
ザ　プール イズ オウパン　フロム　エイトゥ エイエム トゥ　ナイン　ピーエム
＊「夜中まで開いています」と表現したいときは、"open late"と言いましょう。

11階に和食レストランがあります。
We have a Japanese restaurant on the 11th floor.
ウィー　ハヴァ　ジャパニーズ　レスタラントゥ　オン　ズィ イレヴンス フロー

最上階にラウンジ・バーがございます。
We have a lounge bar on the top floor.
ウィー　ハヴァ　ラウンジ　バー　オン　ザ　トップ　フロー

温泉はございませんが、5階の大浴場にジャグジーがございます。
We don't have a hot spring, but there is a jacuzzi
ウィードウントゥ　ハヴァ ホットゥスプリング バットゥ　ゼア　イズ ア　ジャークーズィ
in the large public bath on the 5th floor.
イン　ザ　ラージ　パブリック　バス　オン　ザ　フィフス フロー

渡り廊下を通り、別館2階にお越しくださいませ。
Take the walkway to the annex and up
テイク　ザ　ウォークウェイ　トゥ　ズィ　アネックス　アンドゥ アップ
to the 2nd floor.
トゥ　ザ　セカンドゥ　フロー

こちらは本館でございます。
This is the main building.
ズィス　イズ　ザ　メイン　ビルディング

カラオケを6階の個室でお楽しみいただけます。
You can enjoy karaoke in a private
ユー　キャン　エンジョイ　カラオケ　インナ　プライヴィットゥ
room on the 6th floor.
ルーム　オン　ザ　スィックスス　フロー
＊北米の人は"karaoke"を「キャリオキィ」と発音します。

24時間のコインランドリーがございます。

There are coin-operated washing machines
ゼア　ラー　コインオペレイティッドゥ　ウォッシング　マシーンズ
available 24 hours a day for guest use.
アヴェイラブル　トゥウェンティフォー　アワーズ　ア　デイ　フォー　ゲスト　ユース

満1歳～4歳対象の託児サービスがあります。

Our childcare service caters to one- to
アワ　チャイルドゥケア　サーヴィス　ケイタァズ　トゥ　ワン　トゥ
four-year-olds.
フォー　イアオウルズ

資格を持つ専門スタッフがおります。

Our staff are qualified and trained.
アワ　スタッフ　アー　クワリファイドゥ　アンドゥ　トレインドゥ

おやつやオムツはご持参ください。

Please bring your own snacks and diapers.
プリーズ　ブリング　ユア　オウン　スナックス　アンドゥ　ダイパーズ

ファックス(コピー)は、ビジネスセンターにございます。

A fax machine [copy machine] is
ア ファックス　マシーン　(カピ　マシーン)　イズ
available at the business center.
アヴェイラブル　アットゥ　ザ　ビズニス　センタァ

ビジネスセンターは中2階にございます。

The business center is on the mezzanine floor.
ザ　ビズニス　センタァ　イズ　オン　ザ　メザニーン　フロー

中2階へいらっしゃるには、こちらのエレベーターをご利用くださいませ。

Please take this elevator to go to the mezzanine floor.
プリーズ　テイク　ズィスエリヴェイタァトゥ　ゴウ　トゥ　ザ　メザニーン　フロー

Please use this elevator.

＊明確な目的地へ向かうためにエレベーターを利用する場合は、"use"よりも"take"を使うほうが自然です。

館内のサービスは、案内書に書いてございます。

Hotel services are indicated in the
ホテル　サーヴィスィズ　アー　インディケイティッドゥ　イン　ザ
service directory.
サーヴィス　ディレクトゥリィ

Part1 フロント業務

チェックアウト

会計

お勘定をお願いします。
I'd like to settle my bill, please.
アイドゥ ライク トゥ セトゥル マイ ビル プリーズ

かしこまりました。お部屋の鍵を頂けますか？
Certainly, ma'am.
サートゥンリィ マム
May I have your room key, please?
メイ アイ ハヴ ユア ルーム キー プリーズ

ただ今計算いたします。
I'll prepare the bill for you.
アイル プリペアー ザ ビル フォー ユー
Just a moment, please.
ジャストゥ ア モーメン プリーズ

合計で49,000円でございます。
Your bill totals 49,000 yen.
ユア ビル トウトゥルズ フォーティナインサウザンドゥ イエン
*この"total"は「合計…になる」という動詞です。

金額は、消費税10%を含みます。
It includes 10% consumption tax.
イットゥ インクルーズ テンパァセントゥ カンサンプシュン タクス

宿泊にかかる消費税は免税されません。
The consumption tax on accommodation is not exempted.
ザ カンサンプシュン タクス オン アカマディシュン イズ ノットゥ イグザンプティドゥ

現金での支払い

お支払いは現金ですか、クレジットカードですか？
Would you like to pay in cash or by credit card?
ウッジュー ライク トゥ ペイ イン キャッシュ オー バイ クレディットゥ カードゥ

申し訳ございません、お支払いは円のみです。
I am sorry, we only accept yen.
アイ アム ソーリィ ウィー オウンリィ アクセプトゥ イエン

5万円お預かりいたします。
Fifty thousand yen. Thank you.
フィフティサウザンドゥ イエン サンキュー

320円のお返しです。
Here is your change, 320 yen.
ヒア イズ ユア チェインジ スリーハンドゥリッドゥトゥウェンティー イエン

Here are your changes.
＊お金はつねに単数扱いです。

お釣りが合っているか、ご確認ください。
Make sure that the change is correct.
メイク シュア ザットゥ ザ チェインジ イズ コレクトゥ

クレジットカードでの支払い

こちらに表示してございますクレジット会社のカードでしたら、ご使用いただけます。
You may pay with any of these credit cards.
ユー メイ ペイ ウィズ エニィ アヴ ズィーズ クレディットゥ カーズ

認証できましたので、こちらで支払いを進めさせていただきます。
Your card has been authorized,
ユア カードゥ ハズ ビーン アサライズドゥ
so I'll process the payment.
ソー アイル プロセス ザ ペイメントゥ

ピンナンバーをお願いします。
Please enter your PIN number.
プリーズ エンター ユア ピン ナンバァ

恐れ入りますが、ABCカードはご使用金額の限度額が20万円でございます。
I'm afraid that the credit limit set by the ABC Card office is 200,000 yen.
アイム アフレイドゥ ザットゥ ザ クレディットゥリミットゥセットゥ バイ ズィ エービィースィー カードゥ オーフィス イズ トゥーハンドゥリッドゥサウザンドゥ イエン

超過分は現金でお支払いいただけますでしょうか？
Would you like to settle the difference in cash?
ウッジュー ライク トゥ セトゥル ザ ディファランス インキャッシュ

カードで全額を払いたいのですが。
No, I'd prefer to pay the whole amount by credit.
ノゥ アイドゥ プリファ トゥ ペイ ザ ホール アマウントゥ バイ クレディットゥ

カード会社の承認が必要となります。
We need their permission to extend credit over that amount.
ウィー ニードゥ ゼア パァミッシュン トゥ イクステンドゥ クレディットゥ オウヴァ ザットゥ アマウントゥ

カード会社に連絡をし承認をとらせていただけますか？
Do you mind if we contact them and ask their permission?
ドゥー ユー マインドゥ イフ ウィー コンタクトゥ ゼム アンドゥ アスク ゼア パァミッシュン

すぐにカード会社から折り返しの電話がありますので、それまでお待ち願えますでしょうか？
They will call back very soon.
ゼイ ウィル コール バック ヴェリィ スーン
Would you mind waiting until then?
ウッジュー マインドゥ ウェイティング アンティル ゼン

カード会社が全額支払いということで承認いたしました。
The ABC office will extend credit for the whole amount.
ザ エービィースィー オーフィス ウィル イクステンドゥ クレディットゥ フォー ザ ホウル アマウントゥ

恐れ入りますが、クレジット会社のほうでは、20万円の限度額以上の使用承認はできないとのことでございます。
I'm afraid they will only extend credit to 200,000 yen.
アイム アフレイドゥ ゼイ ウィル オウンリィ イクステンドゥ クレディットゥ トゥ トゥーハンドゥリッドゥサウザンドゥ イエン

お客様ご自身で先方と話されますか？
Would you like to talk to them?
ウッジュー ライク トゥ トーク トゥ ゼム

確認

お会計の明細をご確認いただけますか？

Would you check the breakdown of your bill?

ウッジュー　チェック　ザ　ブレイクダウン　アヴ　ユア　ビル

請求書に間違いはないようでございます。

I'm afraid there's no mistake on the bill.

アイム　アフレイドゥ　ゼアズ　ノー　ミステイク　オン　ザ　ビル

間違いがありましたことをお詫びいたします。

I apologize for the error.

アイ　アパラジャイズ　フォー　ズィ　エラァ

＊"apologize for ..."で「…のことで謝る」という意味。

お部屋にお荷物はございませんでしょうか？

Is your baggage down yet, sir?

イズ　ユア　バギッジ　ダウン　イエットゥ　サァ

お部屋をお空けになってから、ご精算をお願いできますでしょうか？

Could you check out after your bags have been brought down, please?

クッジュー　チェッカウトゥ　アフタァ　ユア　バッグズ　ハヴ　ビーン　ブロートゥ　ダウン　プリーズ

私どものチェックアウト時間は10時ですので、午後3時までのお部屋の使用料10%を加算させていただきます。

Our checkout time is 10:00 a.m. but you used the room until 3:00 p.m. I'm afraid that for late checkouts we charge an extra 10% of the room rate.

アワ　チェッカウトゥ　タイム　イズ　テン　エイエム　バットゥ　ユー　ユーズドゥ　ザ　ルーム　アンティル　スリー　ピーエム　アイム　アフレイドゥ　ザットゥ　フォー　レイトゥ　チェッカウツ　ウィー　チャージ　アネクストゥラ　テンパァセントゥ　アヴ　ザ　ルーム　レイトゥ

部屋の冷蔵庫から飲み物は飲まれましたか？

Did you drink anything from the fridge?

ディッジュー　ドゥリンク　エニィスィング　フロム　ザ　フリッジ

（その金額には）夕食時のビール代2,000円が含まれております。

It includes 2,000 yen for beer at dinner.

イットゥ　インクルーズ　トゥーサウザンドゥ　イエン　フォー　ビアー　アットゥ　ディナァ

スーツケースを預かってください。
Can you take care of my bag for me?
キャン　ユー　テイク　ケア　オブ　マイ　バッグ フォー　ミー

かしこまりました。クロークでお預かりいたします。
Sure. We will keep it in the cloakroom.
シュア　ウィー　ウィル　キーピットゥ　イン　ダ　クロゥクルーム

貴重品や壊れ物はございませんでしょうか？
Is there anything valuable or breakable inside?
イズ　ゼア　エニィスィング　ヴァリュブル　オー　ブレイカブル　インサイドゥ

貴重品はフロントでお預かりしております。
There are safety deposit boxes at the front desk.
ゼア　ラー　セイフティ ディパズィットゥ ボクスィーズ アットゥ　ザ　フロントゥ デスク

生鮮品はこちらではお預かりいたしかねます。
I'm afraid we cannot accept perishable goods here.
アイム アフレイドゥ ウィー　キャンノットゥ アクセプトゥ　ペリッシャブル　グッズ　ヒア
＊"perishable"は「(食べ物が)腐りやすい」という意味。

こちらがお荷物の預かり証でございます。
This is your claim tag.
ズィス　イズ　ユア　クレイム　タッグ

25番の札でお預かりいたします。
Here is your tag, #25.
ヒア　イズ　ユア　タッグ　ナンバァトゥエンティーファイヴ

こちらのクロークは午後8時まででございます。
This cloakroom is open until 8:00 p.m.
ズィス　クロゥクルーム　イズ　オウパン　アンティル　エイトゥ　ピーエム

9時ごろまで戻れないのですが。
I won't be back until 9:00 tonight.
アイ ウォウントゥ　ビー　バック　アンティル　ナイン　トゥナイトゥ

ロビー階のクロークにお移しいたしますので、そちらでお受け取りください。
We will transfer your bag to the lobby floor cloakroom.
ウィー　ウィル　トゥランスファー　ユア　バッグ　トゥ　ザ　ラビィ
フロー　クロゥクルーム

荷物の返却（クローク）

引き換え札をいただけますでしょうか？
May I have your tag, please?
メイ　アイ　ハヴ　ユア　タッグ　プリーズ

引き換え札の色を覚えていらっしゃいますか？
Do you remember the tag's color?
ドゥー　ユー　リメンバァ　ザ　タッグス　カラァ

バッグにお名前の記載はございますでしょうか？
Is your name marked on the bag, ma'am?
イズ　ユア　ネイム　マークトゥ　オン　ザ　バッグ　マム

お調べいたします。
I'll check for you.
アイル　チェック　フォー　ユー

こちらにすべてあるかどうか、お確かめください。
Could you check that everything is here, ma'am?
クッジュー　チェック　ザットゥ　エヴリィスィング　イズ　ヒア　マム

Is everything all right?
＊"Is everything all right?"は、相手の気分などを尋ねるときに使う表現です。"Are you all right?"も同様です。

タクシー・空港バスの手配

タクシーを呼んでください。
Can you call a taxi for me?
キャン　ユー　コール　ア　タクスィ　フォー　ミー

行き先は最寄り駅まででよろしいですか？
Are you going to the nearest station?
アー　ユー　ゴウイング　トゥ　ザ　ニアレストゥ　ステイシュン
＊"the nearest"は、"near"「近い」の最上級です。

タクシーはすぐに来ますので、あちらのソファでお待ちください。
The taxi is coming soon.
ザ　タクスィ　イズ　カミング　スーン
Please have a seat and wait at that sofa area.
プリーズ　ハヴァ　スィートゥ　エン　ウェイトゥアット　ザットゥ　ソウファ　エリア

お車を玄関までまわします。
We will bring your car to the entrance.
ウィー　ウィル　ブリング　ユア　カー　トゥ　ズィ　エントゥランス

空港行のバスを予約したいのですが。
I'd like to reserve some seats on the airport bus.
アイドゥ ライク トゥ リザーヴ サム スィーツ オン ズィ エアポートゥ バス

かしこまりました。何時のフライトでいらっしゃいますか？
Certainly, sir. At what time is your flight?
サートゥンリィ サァ アットゥ ワッタイム イズ ユア フライトゥ

8時30分発の直行便をご利用になるのがよろしいかと存じます。
I recommend that you take the 8:30 a.m. shuttle bus, sir.
アイ レコメン ザットゥ ユー テイク ズィ エイトゥサーティーエイエム シャトゥー バス サァ

I suggest you to take the 8:30 a.m. direct bus, sir.
＊"suggest 人 to ～"は、間違った表現です。

何名様分おとりいたしますか？
How many seats shall we reserve, sir?
ハウ メニィ スィーツ シャル ウィ リザーヴ サァ

予約表をお調べいたしますので、少々お待ちくださいませ。
I'll check our reservation list.
アイル チェック アワ レザァヴェイシュン リストゥ
Just a moment, please.
ジャスタ モーメン プリーズ

ご予約券をお渡しいたしますので、あちらのカウンターで乗車券をお買い求めください。
Here is your reservation slip. Could you pay for
ヒア イズ ユア レザァゼイシュン スリップ クッジュー ペイ フォー
your tickets at the counter over there, please?
ユア ティキッツ アットゥ ザ カウンタァ オウヴァ ゼア プリーズ

申し訳ございませんが、そちらのバスは予約でいっぱいでございます。
I'm afraid that bus is fully booked, sir.
アイム アフレイドゥ ザットゥ バス イズ フリィ ブックトゥ サァ

タクシーでシティーターミナルまでおいでになってください。
Could you take a taxi to the city air terminal?
クッジュー テイカ タクスィトゥ ザ スィティ エア ターミナル
＊"take a taxi"で「タクシーに乗る」という意味。

見送り

別れのあいさつ

昨夜はよくお休みになられましたか？

Did you sleep well last night?

ディッジュー　スリープ　ウェル　ラストゥ　ナイトゥ

当ホテルの滞在はいかがでしたか？

We hope you enjoyed your stay.

ウィー　ホウプ　ユー　インジョイドゥ　ユア　ステイ

最高でしたよ。

It was excellent.

イットゥ ワズ　エクサラントゥ

そう言っていただけてうれしく思います。

I'm glad to hear that.

アイム　グラッドゥ　トゥ　ヒア　ザットゥ

＊"glad to …"で「…してうれしい」という意味。

お忘れものはございませんか？

Please make sure you have everything with you.

プリーズ　メイク　シュア　ユー　ハヴ　エヴリスィング　ウィズ　ユー

どうぞ良い1日をお過ごしください。

Have a nice day!

ハヴァ　ナイス　デイ

私どものホテルをご利用いただきまして、ありがとうございます。

Thank you for choosing our hotel.

サンキュー　フォー　チューズィング　アワ　ホテル

またのお越しをお待ちしております。

We look forward to seeing you again.

ウィー　ルック　フォーワァドゥ　トゥ　スィーング　ユー　アゲン

We look forward to see you again.

＊"look forward to"のあとには名詞か動名詞を置きます。"to see"は動詞になるので間違った表現です。

ありがとうございました。どうぞお気をつけて、キム様。

Thank you for staying with us. Good-bye, Mr. Kim.

サンキュー　フォー　ステイング　ウィズ　アス　グッバイ　ミスタァ　キム

COLUMN

旅館で使えるフレーズ

靴はこちらでお脱ぎください。

Please remove your shoes here.

プリーズ　リムーヴ　ユア　シューズ　ヒア

私がお客様を担当させていただきます。

I am the chambermaid for your room.

アイ アム　ザ　チェインバァメイドゥ　フォー　ユア　ルーム

お部屋から見える日本庭園をご堪能ください。

Enjoy the Japanese garden view from the room.

インジョイ　ザ　ジャパニーズ　ガードゥン　ヴュー　フロム　ザ　ルーム

お客様のお部屋は、鶴の間でございます。

Your room is called Tsuru no Ma.

ユア　ルーム　イズ　コールドゥ　ツル　ノ　マ

お茶とお菓子はサービスでございます。

Tea and sweets are with our compliments.

ティー　アンドゥ　スウィーツ　アー　ウィズ　アワ　コンプリメンツ

貴重品はこのボックスにお入れください。

Please keep valuables in this box.

プリーズ　キープ　ヴァリュブルズ　イン　ズィス　バックス

浴衣と草履をご用意しております。

Yukata and zori sandals are provided.

ユカタ　アンドゥ　ゾウリ　サンドゥルズ　アー　プロヴァイディドゥ

館内と庭は、浴衣でお過ごしいただけます。

You can relax in a yukata inside this building and in the garden.

ユー　キャン　リラックス　インナ　ユカタ　インサイディス　ビルディング　アンドゥ　イン　ザ　ガードゥン

着付けのお手伝いをいたしましょうか？

Would you like me to help you wear it?

ウッジュー　ライク　ミー　トゥー　ヘルプ　ユー　ウェーリットゥ

食堂で夕食を召し上がっていらっしゃる間に布団を敷いておきます。

I will set out the futons while you have dinner in the dining room.

アイウィル セッタウトゥ ザ フートンズ ワイル ユー ハヴ ディナァ イン ザ ダイニング ルーム

おはようございます、布団を上げに参りました。

Good morning. May I fold up the futons?

グッドゥ モーニング メイ アイ フォウルダップ ザ フートンズ

温泉は24時間かけ流しでございます。

The hot spring water is flowing 24 hours a day.

ザ ホットゥ スプリング ウォータァ イズ フロォイン トゥエンティーフォー アワーズ ア デイ

水着を着て入ってもよいですか？

Can I wear a swimming suit in the bathtub?

キャナイ ウェア ア スウィミング スートゥイン ザ バスタブ

水着の着用はご遠慮ください。

Please do not wear a swimming suit.

プリーズ ドゥ ノットゥ ウェア ア スウィミング スートゥ

露天風呂もございます。

We also have an open-air bath.

ウィー オールソウ ハヴ アノウパンエア バス

家族風呂もご予約いただけます。

You can reserve a private bath.

ユー キャン リザーヴ ア プライヴェートゥ バス

時間制で、ご家族だけでお使いいただけるお風呂です。

It can be reserved by the hour for family use.

イットゥキャン ビー リザーブドゥ バイ ズィ アワー フォー ファマリィ ユース

入浴後は十分に休憩と水分をおとりください。

Be sure to rest well and drink water after bathing.

ビー シュア トゥ レストゥ ウェル アンドゥ ドゥリンク ウォータァ アフタァ ベイズィング

COLUMN

ビジネスホテルで使えるフレーズ

前払い制でございます。
We ask our guests to pay in advance.
ウィー　アスク　アワ　ゲスツ　トゥ　ペイ　イン　アドゥヴァンス

販売機でのチェックインをお願いします。
Please use the machine to check in.
プリーズ　ユーズ　ザ　マシーン　トゥ　チェッキン

このカードをそちらの機械に差し込んでください。
Insert this card into that machine.
インサートゥ　ズィス　カードゥ　イントゥ　ザットゥ　マシーン

朝食は無料です。
Breakfast is free of charge.
ブレックファストゥ　イズ　フリー　アヴ　チャージ

申し訳ございませんが、ルームサービスはありません。
I'm afraid that we don't provide room service.
アイム　アフレイドゥ　ザットゥ　ウィー　ドウントゥ　プロヴァイドゥ　ルーム　サーヴィス

ピザのデリバリーサービスをご利用いただけます。
You can use a pizza delivery service.
ユー　キャン　ユーズ　ア　ピーツァ　ディリヴァリィ　サーヴィス

部屋でWi-Fiは利用できますか？
Is Wi-Fi available in the room?
イズ　ワイファイ　アヴェイラブル　イン　ザ　ルーム

全室でご利用いただけます。
It's available in all the rooms.
イッツ　アヴェイラブル　イン　オール　ザ　ルームス

イーサネット端子を完備しています。
We have ethernet adapters.
ウィー　ハヴ　イーサァネットゥ　アダプタァズ

有料でパソコンの貸し出しサービスがあります。
We offer a PC rental service for a charge.
ウィー　オーファ　ア　ピースィー　レンタル　サーヴィス　フォー　ア　チャージ

COLUMN

カプセルホテルで使えるフレーズ

靴は靴箱にお入れください。

Please place your shoes in the shoe box.

プリーズ プレイス ユア シューズ イン ザ シュー バックス

荷物はどこに置けばいいですか？

Where can I put my things?

ウェア キャンナイ プットゥ マイ スィングス

お荷物はロッカーへどうぞ。

Feel free to keep your baggage in the locker.

フィールフリー トゥ キープ ユア バギッジ イン ザ ラッカァ

スーツケースはフロントでお預かりします。

Your suitcase will be kept at the front desk.

ユア スートゥケイス ウィル ビー ケプトゥ アットゥ ザ フロントゥ デスク

チェックイン後の外出はできません。

Guests are not allowed to go out after check-in.

ゲスツ アー ノットゥ アラウドゥ トゥ ゴウ アウトゥ アフタァ チェッキン

お風呂、トイレは共同です。

The bathroom and toilet are shared.

ザ バスルーム アンドゥ トイレットゥ アー シェアードゥ

サウナが併設されています。

We also have a sauna.

ウィー オールソウ ハヴァ ソーナ

マッサージのサービスもございます。

We also have a massage service.

ウィー オールソウ ハヴァ マッサージ サーヴィス

個室にテレビ、ラジオ、目覚まし時計がございます。

Each room is equipped with a TV, a radio, and an alarm clock.

イーチ ルーム イズ イクウィップドゥ ウィズ ア ティーヴィー ア レイディオウ アンドゥ アン アラーム クロック

客室・フロントで使うフレーズ&単語

P.70
May I set the table here?
テーブルはこちらにご用意してよろしいでしょうか?
Sure.
もちろん。
wine
ワイン
wine
dinner
夕食
I'd like a wake-up call tomorrow morning.
明日の朝、起こしてほしいのですが。
P.72
Certainly, sir. At what time would you like to be woken?
かしこまりました。何時がよろしいでしょうか?

I want to send this package.
この荷物を送ってほしいのですが。
P.91
Where would you like to send this?
こちらは、どこへ送りしますか?
package
小包
P.93
Turn left at the first corner.
1つ目の角で左折します。
HOTEL
MAP
map
地図
P.88
How much would you like to exchange?
おいくら両替いたしますか?

Part1 フロント業務

客室サービス

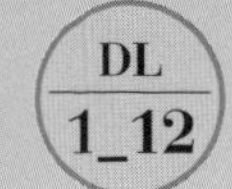

ルームサービス

ルームサービスでございます。
Room service, may I help you?
ルーム　サーヴィス　メイ　アイ　ヘルプ　ユー

アメリカン・ブレックファーストを1人分注文したいのですが。
Can I order an American breakfast for one?
キャンナイ　オーダァ　アンナメリカン　ブレックファストゥ　フォー　ワン

かしこまりました。ジュースは何がよろしいでしょうか？
Certainly, ma'am.
サートゥンリィ　マム
What kind of juice would you like?
ワットゥ　カインドゥ　アヴ　ジュース　ウッジュー　ライク

What kind of juice do you want?
＊"What do you want?"は、「いったい何がほしいの？」というくだけたニュアンスになります。

卵はいかがいたしましょうか？
How would you like your eggs?
ハウ　ウッジュー　ライク　ユア　エッグズ

ご注文のお料理は、以上でございますか？
Will that be all?
ウィル　ザットゥ　ビー　オール

ご注文（のお料理）は、20分ほどでお届けいたします。
Your order will take about 20 minutes.
ユア　オーダァ　ウィル　テイク　アバウトゥ　トゥエンティー　ミニッツ

お待たせいたしました。
I'm sorry to have kept you waiting.
アイム　ソーリィ　トゥ　ハヴ　ケプトゥ　ユー　ウェイティング

テーブルはこちらにご用意してよろしいでしょうか？
May I set the table here?
メイ　アイセットゥ　ザ　テイブル　ヒア

お済みになりましたら、食器はドアの前にお出しください。
Please leave your dishes outside your room when you have finished.
プリーズ リーヴ ユア ディッシィズ アウトゥサイドゥ ユア ルーム ウェン ユー ハヴ フィニッシュトゥ

ルームサービスは午前6時から承っております。
Room service is available from 6:00 a.m.
ルーム サーヴィス イズ アヴェイラブル フロム スィックス エイエム

朝食のルームサービスは、午前6時から10時30分まででございます。
Breakfast is served between 6:00 a.m. and 10:30 a.m. for room service.
ブレックファストゥ イズ サーヴドゥ ビトゥウィーン スィックス エイエム アンドゥ テンサーティー エイエム フォー ルーム サーヴィス
*“between ... and ～”で「…と～の間に[で、の]」という意味。

お部屋にございますメニューから
ご注文いただけますでしょうか？
Could you order from the menu in the room?
クッジュー オーダァ フロム ザ メニュー イン ザ ルーム

朝食のご注文表はドアノブにおかけいただけますでしょうか？
Could you hang the breakfast order slip on your door knob?
クッジュー ハング ザ ブレックファストゥ オーダァ スリップ オン ユア ドー ノブ

朝食は何時にお持ちいたしましょうか？
At what time shall we serve you breakfast?
アットゥ ワッタイム シャル ウィー サーヴ ユー ブレックファストゥ

何名様分のテーブルセッティングにいたしましょうか？
For how many people shall I set the table?
フォー ハウ メニイ ピープル シャル アイセットゥ ザ テイブル

ご用がございましたら、お呼びくださいませ。
Please call us if you need any assistance.
プリーズ コール アス イフ ユー ニードゥ エニィ アスィスタンス

交換台でございます。

This is the operator. May I help you?

ズィス　イズ　ズィ　アパレイタァ　メイ　アイ　ヘルプ　ユー

明日の朝、起こしてほしいのですが。

I'd like a wake-up call tomorrow morning.

アイドゥライク　ア　ウェイカップ　コール　トゥモーロウ　モーニング

かしこまりました。何時がよろしいでしょうか？

Certainly, sir. At what time would you like us to wake you up?

サートゥンリィ　サァ　アットゥ　ワッタイム　ウッジュー　ライク　アス　トゥー　ウェイキュー　アップ

＊"For what time, please?"と言ってもOKです。

明朝6時でございますね。

We'll call you at 6:00 a.m. tomorrow.

ウィール　コール　ユー　アットゥ　スィックス　エイエム　トゥモーロウ

Okay.

＊確認のため、必ず時間をくりかえしましょう。

モーニングコールでございます。

This is a wake-up call for you.

ズィス　イズ　ア　ウェイカップ　コール　フォー　ユー

＊"morning call"ではなく、"wake-up call"が一般的です。

ただいまのお時間は6時でございます。

The time is now 6:00 a.m.

ザ　タイム　イズ　ナウ　スィックス　エイエム

私どもでは、お電話からコンピュータにモーニングコールのセットができるようになっております。

We have a computer wake-up service.

ウィー　ハヴァ　カンピュータァ　ウェイカップ　サーヴィス

コンピュータには、お起こしする時刻とお部屋番号が記録されます。

Our computer will save the time and your room number.

アワ　カンピュータァ　ウィル　セイヴ　ザ　タイム　アンドゥ　ユア　ルーム　ナンバァ

最初に8をお押しいただき、次にご希望時間をお押しください。

Please dial 8 first and then the time.

プリーズ ダイアル エイトゥ ファーストゥ アンドゥ ゼン ザ タイム

6時30分の場合は、8の次に0630とお押しください。

For 6:30 a.m. dial 8 and then 0630 for the time.

フォー スィックスサーティー エイエム ダイアル エイトゥ アンドゥ ゼン ズィーロウスィックススリーズィーロウ フォー ザ タイム

自動的にコンピュータからモーニングコールをいたします。

The call will be made automatically by computer.

ザ コール ウィル ビー メイドゥ オータマティカリィ バイ カンピュータァ

コンピュータが、自動的に前回セットした時刻を取り消します。

The computer will cancel the old time.

ザ カンピュータァ ウィル キャンサル ズィ オウルドゥ タイム

ベッドサイドにございます目覚まし時計をご利用ください。

Please use the alarm clock at your bedside.

プリーズ ユーズ ズィ アラーム クラック アットゥ ユア ベッドゥサイドゥ

枕元の時計にて、アラームをセットしていただけます。

You can set the alarm using the bedside clock.

ユー キャン セットゥ ズィ アラーム ユーズィング ザ ベッドゥサイドゥ クラック

なぜ起こしてくれなかったのですか？

Why didn't you wake me up?

ワイ ディドゥントゥ ユー ウェイク ミー アップ

7時にお起こしするようにとのことでしたが、お呼びしてもご返事がございませんでした。

You requested a 7:00 a.m. wake-up call, but there was no reply when we called.

ユー リクウェスティッドゥ ア セヴン エイエム ウェイカップ コール バットゥ ゼア ワズ ノウ リプライ ウェン ウィー コールドゥ

本日二度ほどお呼びしたのですが、ご返事がございませんでした。

We called your room twice today, but there was no answer.

ウィー コールドゥ ユア ルーム トゥワイス トゥデイ バットゥ ゼア ワズ ノウ アンサァ

電話の受話器が外れているようでございます。

We think you may have left your telephone off the hook.

ウィー スィンク ユー メイ ハヴ レフトゥ ユア テリフォウン オーフ ザ フック

＊断定した言い方にならないよう、"may"を使い「…かもしれない」という表現にしましょう。〈may have＋動詞の過去分詞〉で「…だったかもしれない」と過去を表すことができます。

「起こさないで」というサインがドアにかかっておりましたので。

The "do not disturb" sign was on the door.

ザ ドゥー ノットゥ ディスターブ サイン ワズ オン ザ ドー

You didn't want me to disturb you.

＊「起こさないでほしかったのですよね？」という意味になり、高慢な態度だと思われてしまいます。

ランドリーサービス

洗濯物は、お部屋にあるランドリーバッグにお入れください。

Please put your laundry in the laundry bag provided in your room.

プリーズ プットゥ ユア ローンドゥリィ イン ザ ローンドゥリィ バッグ プロヴァイディッドゥ イン ユア ルーム

係の者がお部屋まで取りにうかがいます。

I'll send someone to collect it.

アイル センドゥ サムワン トゥ コレクトゥイットゥ

＊「取るために誰かを派遣します」という表現です。

備え付けのバッグに入れてフロントデスクまでお持ちください。

Could you put it in the laundry bag provided and leave it at the front desk, please?

クッジュー プットゥイットゥイン ザ ローンドゥリィ バッグ プロヴァイディッドゥ アンドゥ リーヴ イットゥアットゥ ザ フロントゥ デスク プリーズ

ランドリー用紙にご記入いただけますでしょうか？
Could you fill out the laundry form, please?
クッジュー フィルアウトゥ ザ ローンドゥリィ フォーム プリーズ
＊"fill out"は「(書式、文書)に書き込む」という意味。

ランドリー用紙とバッグは、ライティングデスクの右側の一番上の引き出しに入っております。
The laundry forms and bags are in the top right-hand drawer of the writing desk.
ザ ローンドゥリィ フォームズ アンドゥ バッグズ アー イン ザ タップ ライトゥハンドゥ ドゥロワー アヴ ザ ライティング デスク

仕上がりは翌日です。
Clean items are returned the next day.
クリーン アイテムズ アー リターンドゥ ザ ネクストゥ デイ

洗濯物は朝10時に回収し、その日の午後6時までにお戻しいたします。
We will collect your laundry at 10:00 a.m. and return it by 6:00 p.m. on the same day.
ウィーウィル カレクトゥ ユア ローンドゥリィアットゥ テン エイエム アンドゥ リターン イットゥバイ スィックス ピーエム オン ザ セイム デイ

特別4時間仕上げもございます。
We have an express four-hour service.
ウィー ハヴァン エクスプレス フォーアワー サーヴィス

30%増の料金で、4時間以内にお届けいたします。
We can deliver clean items within four hours at a 30% extra charge.
ウィー キャン ディリヴァ クリーン アイテムズ ウィズィン フォー アワーズ アットゥ ア サーティパァセントゥ エクストゥラ チャージ

このシャツ類にはノリをつけないでほしいのですが。
I don't want these shirts starched.
アイドウントゥ ウォントゥ ズィーズ シャーツ スターチトゥ

ノリなしのお仕上げですね。かしこまりました。
No starch. I understand, ma'am.
ノウ スターチ アイ アンダスタンドゥ マム

こちらは、水洗いでございますか？

Is this for washing, ma'am?

イズ ズィス フォー ワッシング マム

こちらは、アイロンがけのみでございますか？

Is this for pressing only, ma'am?

イズ ズィス フォー プレスィング オウンリィ マム

申し訳ございませんが、刺繍の入った衣類の洗濯はお引き受けいたしかねます。

I'm afraid we cannot launder embroidered items.

アイム アフレイドゥ ウィー キャナットゥ ローンダァ インブロイダァドゥ アイタムズ

破損等の責任は負いかねます。

We cannot take responsibility for any damage.

ウィーキャナットゥ テイク リスパンスィビリティ フォー エニィ ダミッジ

＊"take responsibility for ..."で「…の責任を負う」という意味。

We don't take responsibility for any damage.

＊"don't"を使うと「（責任を負うことは）可能だがやらない」という意味になってしまいます。

大変申し訳ございませんが、私どもでは特別な設備を必要とするものはお引き受けいたしておりません。

I'm very sorry, ma'am, but we do not have the equipment necessary to do so.

アイム ヴェリィ ソーリィ マム バットゥ ウィー ドゥー ノットゥ ハヴ ザ イクウィップマントゥ ネスィセリィ トゥードゥー ソー

恐れ入りますが、本日仕上げの受付は終了させていただきました。

I'm afraid it's too late for today's laundry, ma'am.

アイム アフレイドゥ イッツ トゥー レイトゥ フォー トゥデイズ ローンドゥリィ マム

お出かけでしたら、ベッドの上に置いておいていただけますでしょうか？

Could you leave it on the bed, if you are going out, ma'am?

クッジュー リーヴ イットゥオン ザ ベッドゥ イフ ユー アー ゴウイング アウトゥ マム

日曜日はランドリーは休ませて頂いております。
There is no laundry service on Sundays.
ゼア イズ ノウ ローンドゥリィ サーヴィス オン サンデイズ

こちらは、何のシミでございますか？
What kind of stain is it, ma'am?
ワットゥ カインドゥ アヴ ステイン イズイットゥ マム
＊"what kind of ..."で「どんな種類の…」という意味。

できるだけシミを抜いてみますが、とれるかどうかお約束はいたしかねます。
We will do our best to remove the stain
ウィー ウィル ドゥー アワ ベストゥ トゥ リムーヴ ザ ステイン
but we cannot guarantee the result.
バットゥ ウィー キャナットゥ ギャランティー ザ リザルトゥ

ランドリーの責任者に確認のうえ、後ほどお知らせいたします。
I will check with the laundry service and
アイウィル チェック ウィズ ザ ローンドゥリィ サーヴィス アンドゥ
let you know.
レットゥ ユー ノウ

あいにくシミ抜きは、お引き受けしておりません。
I'm afraid we couldn't remove the stain.
アイム アフレイドゥ ウィー クドゥントゥ リムーヴ ザ ステイン

簡単な補修のみお受けしております。
We can only undertake simple mending.
ウィー キャン オウンリィ アンダァテイク スィンプル メンディング

ハウスキーピング

失礼いたします。お部屋の掃除に伺いました。
I'm sorry to disturb you, ma'am, but we
アイム ソーリィ トゥ ディスターブ ユー マム バットゥ ウィー
would like to clean the room.
ウッドゥ ライク トゥ クリーン ザ ルーム

あとにしてもらえませんか？
Can't you come back later?
キャンチュー カム バック レイタァ

何時頃がよろしいでしょうか？
What time would be convenient?
ワッタイム ウッドゥ ビー カンヴィーニアントゥ

午後4時にお願いします。
Please come at 4:00.
プリーズ　カム　アットゥ　フォー

恐れ入りますが、午後3時から5時までは清掃を休ませていただいております。
I'm afraid no cleaning can be done between 3:00 and 5:00 p.m., ma'am.
アイム　アフレイドゥ　ノウ　クリーニング　キャン　ビー　ダン　ビトゥウィーン　スリー　アンドゥ　ファイヴ　ピーエム　マム

5時から5時半の間に伺ってもよろしいでしょうか？
May we come between 5:00 and 5:30 p.m.?
メイ　ウィー　カム　ビトゥウィーン　ファイヴ　アンドゥファイヴサーティ　ピーエム

清掃が不要な場合は、ドアノブにカードをかけてください。
If you don't need room cleaning, please hang the card on the door knob.
イフ　ユー　ドウントゥ　ニードゥ　ルーム　クリーニング　プリーズ　ハング　ザ　カードゥ　オン　ザ　ドー　ノブ

ただちに清掃が必要な場合は、フロントまでお電話ください。
If you need room cleaning immediately, call the reception desk.
イフ　ユー　ニードゥ　ルーム　クリーニング　イミーディアットゥリィ　コール　ザ　レセプション　デスク

ビジネスサポート

はがきを出しておいてくれますか。
Can you mail a postcard for me?
キャンニュー　メィル　アポウストゥカードゥフォー　ミー

かしこまりました。本日中に投函いたします。
Certainly, sir. By the end of the day.
サートゥンリィ　サー　バイ　ズィ　エンドゥ　アヴ　ズィ　デイ

FAXを送ってもらえますか。
Can you send a fax?
キャンニュー　センドゥ　ア ファックス

こちらに送り先番号を書いてください。
Could you write the fax number down here?
クッジュー　ライトゥ　ザ　ファックス　ナンバァ　ダウン　ヒア

この書類をコピーしてくれますか。
Can you copy these documents?
キャンニュー　カピィ　ズィーズ　ダキュマンツ

コピーは、何部必要でございますか？
How many copies do you need?
ハウ　メニイ　カピィズ　ドゥ　ユー　ニードゥ

フルカラーコピーでよろしいでしょうか？
Would you like them copied with a full-color copy?
ウッジュー　ライク　ザム　カピィド　ウィズ　ア　フルカラァ　カピィ

1枚10円でございます。
It's 10 yen per page.
イッツ　テン　イェン　パァ　ペイジ

国際電話をかけたいのですが。
I'd like to make an international call.
アイドゥ ライク　トゥ　メイク　アン　インタァナシュナル　コール

何番におつなぎいたしますか？
What is the telephone number?
ワットゥ　イズ　ザ　テリフォウン　ナンバァ

国際通話プリペイドカードを販売しています。
We sell prepaid international phone cards.
ウィ　セル　プリペイドゥ　インタァナシュナル　フォウン　カーズ

フライトの変更を頼みたいのですが。
Can you change the flight for me?
キャンニュー　チェインジ　ザ　フライトゥ フォー　ミー

いつに変更いたしましょう？
When would you like to fly?
ウェン　ウッジュー　ライク　トゥ　フライ

便名と搭乗者名を書いてください。
Can you write the flight number and passenger name?
キャンニュー　ライトゥ　ザ　フライトゥ　ナンバァ　アンドゥ　パスィンジャ　ネイム

航空会社に問い合わせます。

I'll talk to the airline.

アイル　トーク　トゥ　ズィ　エアライン

いつの新幹線がよろしいですか？

When would you like to take the shinkansen?

ウェン　ウッジュー　ライク　トゥ　テイク　ザ　シンカンセン

通路側と窓側のどちらをご希望ですか？

Which seat would you like, an aisle seat or a window seat?

ウィッチ　スィートゥ　ウッジュー　ライク　アンナイル　スィートゥ
オー　ア　ウィンドウ　スィートゥ

＊“an aisle seat”「通路側の席」、“a window seat”「窓側の席」。

喫煙車両をご希望ですか？

Would you like to take a smoking section?

ウッジュー　ライク　トゥ　テイク　ア　スモウキング　セクシュン

Do you smoke?

＊喫煙車両を希望するかどうかを聞くには不適切です。

朝、新聞をお届けいたします。

We offer morning newspaper delivery.

ウィー　オーファ　モーニング　ヌーズペイパァ　ディリヴァリィ

会議室のご予約をおとりしましょうか？

Shall I reserve a meeting room?

シャル　アイ　リザーヴ　ア　ミーティング　ルーム

＊“a meeting room”は、“a conference room”と言ってもOKです。

1室8名様用のお部屋がご利用できます。

One room for eight people will be available.

ワン　ルーム　フォー　エイトゥ　ピープル　ウィル　ビー
アヴェイラブル

インターネット用パソコンはロビーに用意しております。

Internet PCs are available in the lobby.

インタァネットゥ　ピースィーズ　アー　アヴェイラボー　イン　ザ　ラビィ

ロビー周辺では、無線LANがご利用いただけます。

Wi-Fi is available at the lobby.

ワイファイ イズ アヴェイラボー アッ ザ ラビィ

インストール等の設定は不要です。

No set-up or installation is required.

ノウ セットゥアップ オー インストーレイシュン イズ リクワイアドゥ

こちらのパスワードを入力してください。

Enter this password.

エンタァ ズィス パスワードゥ

ご自由にお使いください。

You can use it anytime.

ユー キャン ユーズ イットゥ エニィタイム

You can use it every time.

＊“anytime”は「いつでも」、“every time”は「毎回」という意味。

コイン式で10分100円でございます。

You need to put in a 100-yen coin for 10 minutes.

ユー ニードゥ トゥ プットゥ インナ ワンハンドゥリッドゥイエン コイン フォー テン ミニッツ

プリンターはありますか？

Do you have a printer here?

ドゥーユー ハヴァ プリンタァ ヒア

はい、共同プリンターが1台ございます。

Yes, we have a shared printer.

イエス ウィー ハヴァ シェアドゥ プリンタァ

＊“shared”は「共同の、共有の」という意味です。

コピー機、FAXもご利用いただけます。

You can also use a copier and a fax.

ユー キャン オールソウ ユーズ ア カピヤァ アンドゥ ア ファックス

こちらが各種料金表です。

This is the price list.

ズィス イズ ザ プライス リストゥ

Part1 フロント業務

問い合わせ

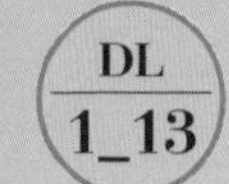

道具の貸し出し

ヘアードライヤーを使いたいのですが、コンバーターを貸してもらえますか？
I'd like to use my hair dryer. Do
アイドゥライク トゥ ユーズ マイ ヘア ドゥライア ドゥー
you have a converter I could use?
ユー ハヴァ カンヴァータァ アイ カドゥ ユーズ

はい、お貸しいたします。
Certainly, we do.
サートゥンリィ ウィー ドゥー

あいにく、現在他のお客様がご使用中でございます。
I'm afraid another guest is using it now.
アイム アフレイドゥ アナザァ ゲストゥ イズ ユーズィングイットゥ ナウ

代わりに私どものヘアードライヤーをお使いいただけます。
We can lend you a hair dryer instead.
ウィー キャン レンドゥ ユー ア ヘア ドゥライア インステッドゥ
＊無料でお貸しする場合は"lend"、有料でお貸しする場合は"rent"を使います。

ヘアードライヤーをすぐにお持ちいたします。
We will bring you a hair dryer immediately.
ウィー ウィル ブリング ユー ア ヘア ドゥライア イミーディアットゥリィ

ヘアードライヤーのご使用はお済みでしょうか？
We wondered if you had finished using
ウィー ワンダァドゥ イフ ユー ハドゥ フィニッシュトゥ ユーズィング
the hair dryer, ma'am?
ザ ヘア ドゥライア マム

他のお客様がお待ちになっております。
Another guest would like to use it.
アナザァ ゲストゥ ウッドゥ ライク トゥ ユーズ イットゥ

洋服棚に靴磨き用紙が備え付けてございます。
There is some shoeshine paper in the closet.
ゼア イズ サム シューシャイン ペイパァ イン ザ クラズィットゥ
＊"shoeshine"は「靴磨き、靴磨きをすること」という意味。

お薬をお持ちいたしました。

I've brought your medicine, sir.

アイヴ　ブロートゥ　ユア　メディスン　サァ

1日3回、食後に2錠ずつお飲みください。

Please take two tablets three times a day, after meal.

プリーズ　テイク　トゥー　タブレッツ　スリー　タイムズ　ア　デイ　アフター　ミール

Can you drink two tablets three times?

＊「(薬を)飲む」は“take”を使います。

よくお休みになれるとよろしいのですが。

I hope you'll have a good rest.

アイ　ホウプ　ユール　ハヴァ　グッドゥ　レスト

薬はありますか？

Do you have medicine?

ドゥ　ユー　ハヴ　メディスン

申し訳ございませんが、薬は置いてございません。

I'm afraid we do not have medicine.

アイム　アフレイドゥ　ウィー　ドゥー　ノットゥ　ハヴ　メディスン

ロビーにある薬局でお買い求めいただけますか？

There is some available for purchase at the pharmacy in the lobby.

ゼア　イズ　サム　アヴァイラブル　フォー　パーチェス　アットゥ　ザ　ファーマスィ　イン　ザ　ロビー

タバコを買いたいのですが。

I'd like to buy some cigarettes.

アイドゥ　ライク　トゥ　バイ　サム　スィガレッツ

銘柄は何がよろしいですか？

Which brand would you prefer?

ウィッチ　ブランドゥ　ウッジュー　プリファー

一箱450円頂戴いたします。

They are 450 yen each.

ゼイ　アー　フォーハンドゥリッドゥフィフティ　イエン　イーチ

恐れ入りますが、タバコ類は現金でお支払い願います。

I'm afraid cigarettes must be paid for in cash.

アイム アフレイドゥ スィガレッツ マストゥ ビー ペイドゥ フォー イン キャッシュ

道具の使い方

コーヒーメーカーはどうやって使うのですか？

How do I use this coffee maker?

ハウ ドゥーアイユーズ ズィス コーフィ メーカー

ポットに水を入れてボタンを押すと、5〜6分で沸きます。

Fill the container with water and press the switch, and the water will boil in about five or six minutes.

フィル ザ カンテイナァ ウィズ ウォータァ アンドゥ プレス ザ スウィッチ アンドゥ ザ ウォータァ ウィル ボイル イン アバウトゥ ファイヴ オア スイックス ミニッツ

赤ランプがつきましたでしょうか？

Did the red light go on?

ディッドゥ ザ レッドゥ ライトゥ ゴウ オーン

＊"go on"は「(電灯などが)つく」という意味。「(機械などが)動き出す」という意味もあります。

電気が落ちてしまったのですが。

The electricity has gone off in my room.

ズィ エレクトリスィティ ハズ ゴン オフ イン マイ ルーム

あいにく、電気の容量は2部屋で15アンペアでございます。

I'm afraid the capacity is only 15 amperes per two rooms.

アイム アフレイドゥ ザ カパスィティ イズ オウンリィ フィフティーン アンピアズ パァ トゥー ルームズ

高い電圧の器具類は、同時にご使用なさらないでください。

Could you use any high-wattage appliances separately, please?

クッジュー ユーズ アニィ ハイ ワッティジ アプライアンスィズ セパレイトゥリィ プリーズ

掃除のときに、コンセントが外れてしまったのかもしれません。

The plug may have been pulled out during cleaning.

ザ プラグ メイ ハヴ ビン プルドゥ アウトゥ ドゥリング クリーニング

テレビのプラグがささっていないのかもしれません。
The TV may have been unplugged.
ザ ティーヴィー メイ ハヴ ビン アンプラグドゥ

プラグがコンセントにささっているか、ご確認ください。
Please check that it's plugged in.
プリーズ チェック ダット イッツ プラグドゥ イン

お部屋にあるご案内に、Wi-Fiのパスワードが表記されています。
There is a booklet in the room with the Wi-Fi password.
ゼア イズ ア ブックリットゥ イン ザ ルーム ウィズ ザ ワィファイ パスワードゥ

テレビの横にマニュアルの入ったフォルダがあります。
There is a folder with an instruction manual next to the TV.
ゼア イズ ア フォウルダァ ウィズ アンニンストゥラクシュン マニュアル ネクストゥ トゥ ザ ティーヴィー

英語版をお読みください。
Please look for the English information.
プリーズ ルック フォー ザ イングリッシュ インファメイシュン

こちらはタッチパネルでの操作が可能です。
You can operate it by using the touch panel.
ユー キャン アパレイトゥ イットゥ バイ ユーズィング ザ タッチ パヌル
＊operateは「(機械などを)操作する」という意味。

設定ボタンで、メニュー画面を英語に変更できます。
You can change the menu screen to English by using the "settings" button.
ユー キャン チェインジ ザ メニュー スクリーン トゥ イングリッシュ バイ ユーズィング ザ セッティングス バットゥン

係の者を行かせて、使い方を説明させます。
I'll have someone come and show you how to use it.
アイル ハヴ サムワン カム アンドゥ ショウ ユー ハウ トゥ ユーズ イットゥ

ABC航空の電話番号を教えてください。
Could you give me the number for ABC Airlines?
クッジュー　ギヴ　ミー　ザ　ナンバァ　フォーエイビースィー エアラインズ

その会社の住所を教えていただけますか？
May I have the address of the company?
メイ　アイ　ハヴ　ズィ　アドゥレス　アヴ　ザ　カンパニィ

一度お切りになって、お待ちいただけますか？
Would you please hang up and wait?
ウッジュー　プリーズ　ハングアップ　アンドゥ　ウェイトゥ

お調べしてすぐに折り返しお電話をさしあげます。
I'll check and call you back right away.
アイル　チェック　アンドゥ　コール　ユー　バック　ライトゥ　アウェイ

ABC航空のお電話番号がわかりました。
I have the number for ABC Airlines.
アイ　ハヴ　ザ　ナンバァ　フォー エイビースィー　エアラインズ

メモのご用意はよろしいでしょうか。
Do you have a pen and a notepad?
ドゥー　ユー　ハヴァ　ペン　エンダ　ノートパッドゥ

番号は、123-4567でございます。
The number is 123-4567.
ザ　ナンバァ　イズ　ワントゥースリーフォーファイヴスィックスセヴン
＊同じ数字が続く場合、2つなら"double"、3つなら"triple"を使って表すこともあります。11なら"double one", 111なら"triple one"と伝えます。

あいにくそのお名前では、ご登録がございません。
I'm afraid there is no listing under that name.
アイム アフレイドゥ　ゼア　イズ ノウ リスティング アンダァ　ザットゥ　ネイム

まず外線発信番号の0、そして市外局番からおかけください。
Please dial 0 for an outside line and then
プリーズ　ダイアルズィーロウフォー　アナウトゥサイドゥ　ライン　アンドゥ　ゼン
dial the number including the area code.
ダイアル　ザ　ナンバァ　インクルーディング　ズィ　エリア　コウドゥ
＊「市外局番」は"area code"と言います。"country code"「国番号」、"extension number"「内線番号」、"day time number"「昼間の連絡先」などの語句も覚えておくとよいでしょう。

明日の大阪の天気は、わかりますか？
Do you know what the weather will be like in Osaka tomorrow?
ドゥー ユー ノウ ワットゥ ザ ウェザァ ウィル ビー ライク イン オーサカ トゥモーロウ

日中は晴れますが、夜遅くから雨が降るようです。
It will be fine during the day and rain in the late evening.
イットゥ ウィル ビー ファイン ドゥリング ザ デイ アンドゥ レイン イン ザ レイトゥ イーヴニング
＊天候を伝えるときは主語を"it"にします。

台風が来ております。
A typhoon is coming.
ア タイフーン イズ カミング
＊「風が強いです」は"It's windy."と言います。

傘をお持ちになると、よろしいかと思います。
You may like to take an umbrella, sir.
ユー メイ ライク トゥ テイク アンナンブレラ サー

I suggest you take an umbrella.
＊"suggest"を使うと、ぶっきらぼうな対応に聞こえるので注意。

今日は寒いです。
It's cold today.
イッツ コウルドゥ トゥデイ

冷え込む（天候の）用意をなさってください。
Please prepare for cold weather.
プリーズ プリペア フォー コウルドゥ ウェザァ

最高気温は22度、最低気温は14度でございます。
The temperature will be a high of 22 degrees Celsius and a low of 14 degrees Celsius.
ザ テンパラチャ ウィル ビー ア ハイ アヴ トゥウエンティトゥー ディグリーズ セルスィアス アンドゥ ア ロウ アヴ フォーティーン ディグリーズ セルスィアス
＊"Celsius"は「摂氏」という意味。「華氏」は"Fahrenheit"（ファーレンハイトゥ）を使います。

両替

確認から両替

ドルを円に両替してもらえますか？
I'd like to change these dollars into yen.
アイドゥ ライク トゥ チェインジ ズィーズ ダラァズ イントゥ イエン

こちらの用紙にご記入いただけますでしょうか？
Could you fill out this form, please?
クッジュー フィル アウトゥ ズィス フォーム プリーズ

おいくら両替いたしますか？
How much would you like to exchange?
ハウ マッチ ウッジュー ライク トゥ イクスチェインジ

300ドルを円にご両替でございますか？
You would like to exchange 300
ユー ウッドゥ ライク トゥ イクスチェインジ スリーハンドゥリッドゥ
dollars into yen. Is that right?
ダラァズ イントゥ イエン イズ ザットゥ ライトゥ

You would like to change 300 dollars into yen.
＊外貨の両替は“exchange”、同じ通貨内の両替は“change”を使います。

パスポートを拝見させていただけますか。
May I see your passport, please?
メイ アイ スィー ユア パスポートゥ プリーズ

本日の米ドルのレートは、1ドル100.6円でございます。
Today's rate for a US dollar is 100.6 yen.
トゥデイズ レイトゥ フォー ア ユーエス ダラァ イズ ワンハンドゥリッドゥポイントゥスィックス イエン
＊小数点は“point”と表します。

ただ今計算いたします。
I'll calculate that for you.
アイル キャルキュウレイトゥ ザットゥ フォー ユー

本日のレートで30,000円でございます。
It comes to 30,000 yen at today's exchange rate.
イットゥ カムズ トゥ サーティサウザンドゥ イエン アットゥ トゥデイズ イクスチェインジ レイトゥ

こちらが日本円でございます。
Here is your yen.
ヒア イズ ユア イェン
＊お金は普通単数で表すため、"is"を使います。

1万円札が3枚でございます。
Here are three 10,000-yen bills.
ヒア アー スリー テンサウザンドゥ イェン ビルズ

10,000円札を1,000円札10枚に両替いたしますか？
Shall we change your 10,000-yen bills to ten 1,000 yen bills?
シャル ウィー チェインジ ユア テンサウザンドゥ イェン ビルズ トゥ テン ワンサウザンドゥ イェン ビルズ

小銭を混ぜて両替いたしますか？
Would you like some smaller bills and change, too?
ウッジュー ライク サム スモーラー ビルズ アンドゥ チェインジ トゥー

あいにくこちらの通貨は、私どもでは取り扱っておりません。
I'm afraid we don't handle this currency.
アイム アフレイドゥ ウィー ドウントゥ ハンドル ディス カーランスィ

海外の通貨は、米ドルのみ両替いたしております。
I'm afraid we can only accept US dollars.
アイム アフレイドゥ ウィー キャン オウンリィ アクセプトゥユーエス ダラァズ

その他

トラベラーズチェックをお取り扱いしております。
We accept traveller's cheques.
ウィー アクセプトゥ トゥラヴァラァズ チェックス

恐れ入りますが、トラベラーズチェックの換金はいたしかねます。
I'm afraid we can't cash traveller's cheques.
アイム アフレイドゥ ウィー キャントゥキャッシュ トゥラヴァラァズ チェックス

申し訳ございませんが、両替はお泊まりのお客様のみへのサービスでございます。
I'm afraid the foreign exchange is a service for hotel guests only.
アイム アフレイドゥ ザ フォーリン イクスチェインジ イズ ア サーヴィス フォー ホテル ゲスツ オウンリィ

ドルの両替は銀行の外国為替をご利用いただけます。

Dollar exchange is available at foreign exchange banks.

ダラァ イクスチェインジ イズ アヴァイラブル アットゥ フォーリン イクスチェインジ バンクス

銀行は、月曜日から金曜日の午前9時から午後3時まで営業いたしております。

The bank is open from 9:00 a.m. to 3:00 p.m., Monday through Friday.

ザ バンク イズ オウパン フラム ナイン エイエム トゥ スリー ピーエム マンデイ スルー フライデイ

申し訳ございませんが、両替はどなた様にも限度額にてお願いしております。

I'm afraid, sir, that we have to place a limit on exchange for the benefit of all our guests.

アイム アフレイドゥ サー ザットゥ ウィー ハフタ プレイス ア リミットゥオーン イクスチェインジ フォー ザ ベニフィットゥ アヴ オール アワ ゲスツ

お一人の方に多額の両替をいたしますと、両替用のお金が不足いたします。

If we change large amounts, our cash supply runs out.

イフ ウィー チェインジ ラージ アマウンツ アワ キャッシュ サプライ ランズ アウトゥ

＊our以下は"we are unable to oblige our other guests."「他のお客様のご要望にお応えすることができなくなってしまいます」と言ってもOKです。

危険防止のため一定の金額に制限しております。

We restrict the amount of cash kept for security reasons.

ウィー リストゥリクトゥ ズィ アマウントゥ アヴ キャッシュ ケプトゥ フォー スィキュリティ リーズンズ

両替カウンターは明朝8時からやっておりますので、そちらで両替していただけますでしょうか？

The exchange counter will be open from 8:00 a.m. tomorrow.

ズィ イクスチェインジ カウンタァ ウィル ビー オウパン フラム エイトゥ エイエム トゥモーロウ

Could you change your money there?

クッジュー チェインジ ユア マニィ ゼア

Part1 フロント業務

宅配・郵便

お客様宛

フロントデスクでポッター様の小包をお預かりいたしております。

We are keeping a package for Ms. Potter at the front desk.

ウィー アー キーピング ア パッケージ フォー ミズ ポッター アットゥ ザ フロントゥ デスク

お客様宛の郵便物がただいま届きました。

A letter has just arrived for you.

ア レター ハズ ジャストゥ アライヴド フォー ユー

お部屋へお届けいたしましょうか？

Shall we deliver it to your room?

シャル ウィー ディリヴァ イットゥトゥ ユア ルーム

お客様発送

こちらは、どこへお送りしますか？

Where would you like to send this?

ウェア ウッジュー ライク トゥ センドゥ ズィス

国内でしたら、はがきは63円、封書は84円でございます。

For domestic mail, you'll need a 63-yen stamp for the postcard and an 84-yen stamp for the sealed envelope.

フォー ダメスティック メイル ユール ニードゥ ア スィックスティスリー イェン スタンプ フォー ザ ポウストゥカードゥ アンドゥ アン エイティフォー イェン スタンプ フォー ザ スィールドゥ エンヴァロウプ

For Japanese mail, ...

＊"domestic"は「国内の」という意味の形容詞です。国内での話なので、"Japanese"「日本の」は使わないようにしましょう。

国内でしたら宅配便のサービスがございます。

Express delivery service is available domestically.

エクスプレス ディリヴァリィ サーヴィス イズ アヴェイラブル ダメスティッカリィ

翌日には先方に届きます。

It will take one day to reach the destination.

イットゥ ウィル テイク ワン デイ トゥ リーチ ザ デスティネイシュン

海外宅配便はフロントデスクにて承ります。

International courier service is accepted at the front desk.

インタァナシュナル　クーリエ　サーヴィス　イズ　ァクセプティド　アットゥ　ザ　フロントゥ　デスク

中に割れ物や液体は入っていますか？

Is there anything fragile or liquid inside?

イズ　ゼア　エニィスィング　フラジャル　オー　リクウィッドゥ　インサイドゥ

航空便でしょうか，船便でしょうか。

Would you like to send it by air or surface?

ウッジュー　ライク　トゥ　センドゥ　イットゥ　バイ　エア　オー　サーフィス

＊「空路で」は“by air”、「陸路で，船で」は“by surface”と言います。

重量をお計りいたします。

I'll weigh it for you.

アイル　ウェイ　イットゥ　フォー　ユー

2キロですので郵送料は5,230円になります。

It weighs two kilos and will cost 5,230 yen.

イットゥ　ウェイズ　トゥー　キーロウズ　アンドゥ　ウィル　コストゥ　ファイヴサウザンドゥトゥーハンドゥリッドゥサーティ　イェン

航空便で1週間ほどかかると思います。

It should take about one week to arrive by air mail.

イットゥ　シュッドゥ　テイク　ァバウトゥ　ワン　ウィーク　トゥ　ァライヴ　バイ　エア　メイル

＊“one week”は「1週間」という意味。“seven days”「7日」と表してもOKです。

恐れ入りますが、書留類は郵便局でお出しいただけますでしょうか？

I'm afraid registered mail can only be sent at the post office.

アイム　アフレイドゥ　レジスタァドゥ　メイル　キャン　オウンリィ　ビー　セントゥ　アットゥ　ザ　ポウストゥ　オーフィス

恐れ入りますが、この種の封筒は他の郵便物を傷つけるため日本では郵便用にご使用になれません。

I'm afraid that this kind of fastener is not allowed as it damages other items in the post.

アイム　アフレイドゥ　ザットゥ　ズィス　カインドゥ　アヴ　ファスナァ　イズ　ノットゥ　ァラウド　アズ　イットゥ　ダミッジズ　アザァ　アイタムズ　イン　ザ　ポウストゥ

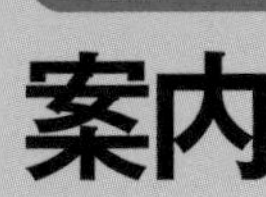

案内

DL 1_16

道案内

駅から美術館への行き方を教えてもらえますか？

Could you tell me how to get to the ABC Museum from the station?

クッジュー テル ミー ハウ トゥゲットゥトゥ ザ エイビースィー ミュズィアム フラム ザ ステイシュン

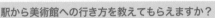

南口に出てください。

Leave from the south exit.

リーヴ フラム ザ サウス エグズィットゥ

これはNG

Please leave from the south exit.

＊道順などの案内をするときは“please”や“Could you ～?”を使わず、命令形で説明するのが一般的です。

南口から出たら、正面の道路を歩いてください。

From the south exit, walk along the main road.

フラム ザ サウス エグズィットゥ ウォーク アローング ザ メイン ロウドゥ

1つ目の角で左折します。

Turn left at the first corner.

ターン レフトゥ アットゥ ザ ファーストゥ コーナァ

＊「右折」の場合は“turn right”を使います。

道を渡り、進行方向にまっすぐ歩いてください。

Cross the street, then keep walking straight.

クロス ザ ストゥリートゥ ゼン キープ ウォーキング ストゥレイトゥ

大通りに出たら、左に曲がってください。

When you get to the main road, turn left.

ウェン ユー ゲットゥトゥ ザ メイン ロードゥ ターン レフトゥ

そのまままっすぐ2ブロック歩いてください。

Keep walking for two blocks.

キープ ウォーキング フォー トゥー ブロックス

左側に美術館があります。

The museum will be on your left.

ザ　ミュズィアム　ウィル　ビー　オン　ユア　レフトゥ

徒歩で10分くらいです。

It'll take about 10 minutes on foot.

イットゥル　テイク　アバウトゥ　テン　ミニッツ　オン　フットゥ

＊"on foot"は「徒歩で」という意味。

かなり複雑です。初めてでいらっしゃるのでしたら、タクシーをご利用になったほうがよろしいかと存じます。

It's rather complicated.

イッツ　ラザァ　カンプリケイティド

If you are new here, it would be better to take a taxi, sir.

イフ　ユー　アー　ニュー　ヒア　イットゥ　ウッドゥ　ビー　ベタァ
トゥ　テイク　ア　タクスィ　サァ

地図をお描きいたしましょうか？

Shall I draw you a map?

シャル　アイ　ドゥロー　ユー　ア　マップ

Shall I write you a map?

＊"write"は「(文字を)書く」という意味。「地図を描く」と言うときは、「(線で絵を)描く」という意味の"draw"を使います。

タクシーの運転手用に道順をお書きいたしましょうか？

Shall I write directions for the taxi driver?

シャル　アイ　ライトゥ　ディレクシュンズ　フォー　ザ　タクスィ ドゥライヴァ

入場料は1,300円でございます。

The admission fee is 1,300 yen.

ズィ　アドゥミッシュン　フィー　イズ　ワンサウザンドゥスリーハンドゥリッドゥ　イェン

あいにく、ABC美術館は月曜日は定休日でございます。

I'm afraid the ABC Art Museum is closed on Mondays.

アイム　アフレイドゥ　ズィ　エイビースィー アートゥ　ミュズィアム　イズ　クロウズド
オン　マンデイズ

＊"museum"は「美術館、博物館」という意味。"art museum"を使って「美術館」と表現しましょう。

代々木上原に行きたいのですが。どう行くのが一番いいですか？
I want to get to Yoyogi-uehara. What's the best way?
アイウォントゥ ゲットゥトゥ ヨヨギ ウエハラ ワッツ ザ ベストゥウェイ

代々木上原はここから地下鉄で20分程です。

Yoyogi-uehara is 20 minutes from here by subway.

ヨヨギウエハラ イズ トゥウェンティ ミニッツ フラム ヒア バイ サブウェイ

赤坂見附からオレンジ色の地下鉄の銀座線にお乗りになり、3つ目の表参道まで行ってください。

Take the orange colored Ginza Subway Line from Akasaka-mitsuke Station and go three stops to Omote-sando.

テイク ザ オレンジ カラードゥ ギンザ サブウェイ ライン フラム アカサカミツケ ステイシュン アンドゥ ゴウ スリー ストップス トゥ オモテサンドウ

千代田線にお乗り換えになりますと3つ目の駅が代々木上原です。

Change to the Chiyoda Line and go three stops to Yoyogi-uehara.

チェインジ トゥ ザ チヨダ ライン アンドゥ ゴウ スリー ストップス トゥ ヨヨギウエハラ

＊「乗り換える」は“change”と言います。

目的地までの切符が買えます。

You may buy one ticket all the way through.

ユー メイ バイ ワン ティキットゥ オール ザ ウェイ スルー

もしお分かりにならなければ最低料金の切符をお求めになり、目的地で差額を精算なさるのがよろしいかと存じます。

If you are not sure, it is better to buy a ticket of the minimum price, and pay the difference when you reach your destination.

イフ ユー アー ノットゥ シュア イットゥイズ ベタア トゥ バイ ア ティキットゥ アヴ ザ ミニマム プライス アンドゥ ペイ ザ ディファランス ウェン ユー リーチ ユア デスティネイシュン

道案内をしてみよう！

COLUMN

建物や方向を入れかえて実際の道案内に役立てましょう。

Could you tell me how to get to the station?
駅までの行き方を教えてください。

Certainly.
かしこまりました。

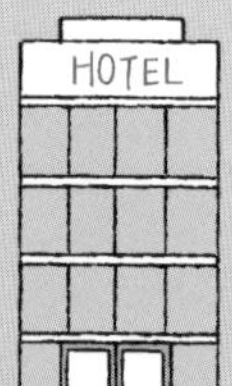

When you get to the main road, turn right.
大通りに出て、右に曲がってください。

Keep walking for two blocks.
そのまままっすぐ2ブロック歩いてください。

Walk to the end of the road, and turn left.
突きあたりまで歩いたら、
左に曲がってください。

Turn right at the first corner.
1つ目の角で右折します。

The station will be right in front of you.
正面に駅があります。

Station
駅

関連単語集 COLUMN

地図帳
□ **an atlas**
アンナトゥラス

道路地図
□ **a road map**
ア ロード マップ

ガソリンスタンド（米）
□ **a gas station**
ア ギャス ステイシュン

ガソリンスタンド（英）
□ **a petrol station**
ア ペトゥラル ステイシュン

高速道路
□ **a highway**
ア ハイウェイ

高速道路入り口
□ **a highway entrance**
ア ハイウェイ エントゥランス

高速道路出口
□ **a highway exit**
ア ハイウェイ エグズィットゥ

歩道橋
□ **a footbridge**
ア フットゥブリッジ

歩道
□ **a sidewalk**
ア サイドゥウォーク

横断歩道（米）
□ **a crosswalk**
ア クロスウォーク

横断歩道（英）
□ **a zebra crossing**
ア ゼブラ クロースィング

踏切
□ **a railway crossing**
ア レイルウェイ クロースィング

信号機（米）
□ **a traffic signal**
ア トゥラフィック スィグナル

信号機（英）
□ **traffic lights**
トゥラフィック ライツ

一方通行
□ **one way**
ワン ウェイ

ロータリー（米）
□ **a rotary**
ア ロウタリィ

ロータリー（英）
□ **a roundabout**
ア ラウンダバウトゥ

T字路
□ **a T intersection**
ア ティー インタセクシュン

交差点
□ **an intersection**
アン インタセクシュン

停留所
□ **a bus stop**
ア バス ストップ

路面電車（英）
□ **a tram**
ア トラム

路面電車（米）
□ **a streetcar**
ア ストゥリートゥカー

地下鉄（米）
□ **a subway**
ア サブウェイ

地下鉄（英）
□ **an underground railway**
アンナンダァグラウンドゥ レイルウェイ

改札口
□ **a ticket barrier**
アティキットゥ バリア

通りの正反対
□ **right across the street**
ライトゥ アクロース ザ ストゥリートゥ

銀行の真正面
□ **right in front of the bank**
ライトゥ イン フロント オヴ ザ バンク

ホテルのすぐ隣
□ **right next to the hotel**
ライトゥ ネクストゥ トゥ ザ ホテル

観光ができるところはありますか？
Any sightseeing spots?
エニィ　サイトゥスィーイングゥ　スポッツ

氷川神社ではお祭りを開催しています。
There's a festival being held at Hikawa-jinja Shrine.
ゼアズ　ア　フェスティヴァル　ビーイング　ヘルドゥ アットゥ　ヒカワジンジャ　シュライン
＊「(会・式などを) 催す、開く」は“hold”を使います。ここでは主語がお祭りなので、受身形です。

氷川神社には英語の看板があり、英語を話すスタッフもいます。
There are English signboards and English-speaking staff at Hikawa-jinja Shrine.
ゼア　ラー　イングリッシュ　サインボーズ　アンドゥ　イングリッシュスピーキング　スタッフ アットゥ　ヒカワジンジャ　シュライン

日帰りで日光にいらっしゃるのはいかがでしょうか。
How about going for a day trip to Nikko?
ハウ　アバウトゥ　ゴウイング　フォー　ア　デイ　トゥリップ トゥ　ニッコウ
＊「日帰り旅行」は“a (one-) day trip”と言います。

今の季節なら紅葉をお楽しみになれます。
You can enjoy autumn-tinted mountain views this season.
ユー　キャン　インジョイ　オータムティンティドゥ　マウンティン　ヴューズ　ズィス　スィーズン
＊「桜」は“cherry blossoms”、「新緑」は“new greenery”と言います。

その地域は地ビールが有名でございます。
The area is famous for its local beer.
ズィ　エリア　イズ　フェイマス　フォー イッツ　ロウカル　ビア

The area is famous of its local beer.
＊“famous for ...”で「…で有名な」という意味。

地元の食べ物をお楽しみになれます。
You can enjoy local food there.
ユー　キャン　インジョイ　ロウカル　フードゥ　ゼア

歌舞伎のお席を手配いたしましょうか。
Would you like me to arrange a ticket for kabuki theater?
ウッジュー ライク ミー トゥ アレインジ ア ティキットゥ フォー カブキ スィアター

魚市場の見学ができるツアーがございます。
There is a tour of the fish market.
ゼア イズ ア トゥア アヴ ザ フィッシュ マーキットゥ

ホテルを朝5時半に出発するツアーとなります。
It departs the hotel at 5:30 in the morning.
イットゥ ディパーツ ザ ホテル アットゥファイヴサーティーイン ザ モーニング

こちらのパンフレットをご覧ください。
Here is a pamphlet explaining the tours offered.
ヒア イズ ア パムフリットゥ イクスプレイニング ザ トゥアズ オーファド

観光バスに乗りたいのですが。
Is there a sightseeing bus tour?
イズ ゼア ア サイトゥスィーイング バス トゥア

こちらで、はとバスにお申し込みできます。
You can make a reservation for the Hato Bus tour from here.
ユー キャン メイク ア レザァヴェイシュン フォー ザ ハトバス トゥア フラム ヒア

1日コースと半日コースのどちらがご希望ですか？
Would you like a full-day tour or a half-day tour?
ウッジュー ライク ア フルデイ トゥア オー ア ハーフデイ トゥア

「東京半日コース」というツアーがございます。
There is a Tokyo half-day tour available.
ゼア イズ ア トウキョウ ハーフ デイ トゥア アヴェイラブル

皇居の一部分を見学することができます。
You can visit part of the Imperial Palace.
ユー キャン ヴィズィットゥ パートゥ アヴ ズィ インピリアル パリス

新宿を出て、浅草をはじめとするいくつかの主要な観光スポットを回ります。

It starts from Shinjuku and visits several major sightseeing spots including Asakusa.

イットゥ スターツ フラム シンジュク アンドゥ ヴィズィッツ セヴァラル メイジャ サイトゥスィーイング スパッツ インクルーディング アサクサ

何名様でしょうか。

For how many people?

フォー ハウ メニイ ピープル

大人2名、子ども3名です。

Two adults and three children.

トゥー アダルツ アンド スリー チルドゥラン

お値段は大人1,800円、12歳以下のお子様900円でございます。

The price is 1,800 yen for adults and 900 yen for children 12 and under.

ザ プライス イズ ワンサウザンドゥエイトゥハンドゥリッドゥ イェン フォー アダルツ アンドゥナインハンドゥリッドゥ イェン フォー チルドゥラン トゥウェルヴアンドゥ アンダァ

＊「…以下の」と言うときは、12歳以下なら"12 and under"と言います。「…未満の」は"under"、「…より上の」は"over"を使います。

こちらにサインをお願いいたします。

Could you sign here, please?

クッジュー サイン ヒア プリーズ

Please write your sign here.

＊"sign"は動詞で「署名する」という意味ですが、名詞では「記号」という意味のため、"signature"を使います。

明朝8時にフロントデスクにおいでくださいませ。

Please be at the front desk at 8:00 a.m. tomorrow.

プリーズ ビーアットゥ ザ フロントゥ デスク アットゥ エイトゥ エイエム トゥモーロウ

あいにく、かなり前から予約をする必要があります。

I'm afraid you have to make a reservation well in advance.

アイム アフレイドゥ ユー ハフタ メイク ア レザァヴェイシュン ウェル イン アドゥヴァンス

あちらの旅行代理店のカウンターでお尋ねください。

Could you ask at the travel agent over there, please?

クッジュー アスク アットゥ ザ トゥラヴァル エイジャントゥ オウヴァ ゼア プリーズ

ステレオを買いたいのですが、どこに行ったらいいですか？

I'd like to buy a stereo set.

アイドゥ ライク トゥ バイ ア ステリオウ セットゥ

Where's the best place to go?

ウェアズ ザ ベストゥ プレイス トゥ ゴウ

秋葉原にいらっしゃるのがよいと思います。

I recommend you to go to Akihabara.

アイ レコメンデュー トゥ ゴウ トゥ アキハバラ

ディスカウントの電器店がたくさんございます。

There are many electrical discount shops there.

ゼア ラー メニイ イレクトゥリカル ディスカウントゥ ショップス ゼア

お寿司を食べたいのですが。

I'd like to try sushi.

アイドゥ ライク トゥ トライ スシ

「いろは寿司」でよろしければ、クーポンがございます。

We have a coupon for this restaurant if you're interested in Iroha Zushi.

ウィー ハヴァ クーパン フォー ズィス レスタラントゥ イフ ユーアー イントゥリスティッドゥ イン イロハズシ

どんな割引がありますか？

What kind of discount is it?

ワット カインド オブ ディスカウントゥ イズイットゥ

食前酒が無料になりますし、
5,000円以上のご利用で10%割引になります。

The aperitif is on the house, and if you spend over 5,000 yen, you'll get a 10% discount.

ズィ アペリティーフ イズ オン ザ ハウス アンドゥ イフ ユー スペンドゥ オウヴァ ファイヴサウザンドゥ イェン ユール ゲットゥ ア テンパァセントゥ ディスカウントゥ

part1 関連単語集

シングルルーム
- [ ] a single room
ア シングル ルーム

ダブルルーム
- [ ] a double room
ア ダブル ルーム

ツインルーム
- [ ] a twin room
アトゥウィン ルーム

スィートルーム
- [ ] a suite room
ア スウィートゥ ルーム

禁煙ルーム
- [ ] a non-smoking room
ア ノン スモウキング ルーム

喫煙ルーム
- [ ] a smoking room
ア スモウキング ルーム

禁煙フロア
- [ ] a non-smoking floor
ア ノン スモウキング フロー

静かな部屋
- [ ] a quiet room
アクワイアットゥ ルーム

エレベーター近くの部屋
- [ ] a room near the elevator
ア ルーム ニア ズィ エリヴェイタァ

バスタブ付きの部屋
- [ ] a room with a bathtub
ア ルーム ウィズ ア バスタブ

海が見える部屋
- [ ] a room with an ocean view
ア ルーム ウィズ アンノウシュン ヴュー

隣り合った部屋
- [ ] an adjoining room
アンナジョイニング ルーム

本館
- [ ] a main building
ア メイン ビルディング

新館
- [ ] a new wing
ア ニュー ウィング

別館
- [ ] an annex
アンナネックス

旧館
- [ ] an original wing
アン オリジナゥ ウィング

エキストラベッド
- [ ] an extra bed
アンネクストゥラ ベッドゥ

ベビーベッド（米）
- [ ] a crib
ア クリブ

ベビーベッド（英）
- [ ] a cot
アカットゥ

フロントデスク
- [ ] the front desk
ザ フロントゥ デスク

交換台
- [ ] the hotel operator
ザ ホテル アパレイタァ

ツアー手配
- [ ] the tour desk
ザ トゥア デスク

予約受付
- [ ] room reservations
ルーム レザァヴェイシュンズ

ハウスキーピング
- [ ] housekeeping
ハウスキーピング

ルームサービス
- [ ] room service
ルーム サーヴィス

レンタカー
- [ ] a rent-a-car
ア レンタカー

ビジネスセンター
- [ ] a business center
ア ビズニス センタァ

コピーサービス
- [ ] a copy service
ア カピィ サーヴィス

COLUMN

郵送サービス
☐ **a postal service**
ア ポウストゥル サーヴィス

携帯電話レンタル
☐ **a cell-phone rental**
ア セルフォウン レンタル

英語を話すスタッフ
☐ **an English-speaking staff**
アンイングリッシュ スピーキング スタッフ

無料の
☐ **complimentary**
カンプリマンタリィ

空港シャトル
☐ **airport shuttle**
エアポートゥ シャトゥル

チップ
☐ **tip**
ティップ

襟
☐ **collar**
カラァ

袖口
☐ **cuffs**
カフス

袖
☐ **sleeves**
スリーヴズ

剣襟
☐ **lapel**
ラペル

縫い目
☐ **seam**
スィーム

ヘム
☐ **hem**
ヘム

ボタン穴
☐ **buttonhole**
バットゥンホウル

ポケット
☐ **pocket**
ポキットゥ

ウェストバンド
☐ **waistband**
ウェイストゥバンドゥ

ダーツ
☐ **dart**
ダートゥ

プリーツ
☐ **pleat**
プリートゥ

ギャザー
☐ **gather**
ギャザァ

折り返し
☐ **turn-up**
ターンアップ

前部
☐ **front**
フロントゥ

後部
☐ **back**
バック

ライニング
☐ **lining**
ライニング

ノリづけする
☐ **starch**
スターチ

縮む
☐ **shrink**
シュリンク

色落ちする
☐ **fade**
フェイドゥ

弱アルカリ性せっけん
☐ **mild soap**
マイルド ソウプ

…だけ別に洗う
☐ **wash ... by itself**
ワッシュ バイ イットゥセルフ

漂白剤
☐ **bleach**
ブリーチ

COLUMN

洗剤
- [ ] **detergent**
ディタージャントゥ

晴れ
- [ ] **fine / sunny**
ファイン　サニー

くもり
- [ ] **cloudy**
クラウディ

雨
- [ ] **raining**
レイニング

雪
- [ ] **snowing**
スノウイング

風が強い
- [ ] **windy**
ウィンディ

暑い
- [ ] **hot**
ホットゥ

蒸し暑い
- [ ] **hot and humid**
ホット アンドゥ ヒューミッドゥ

暖かい
- [ ] **warm**
ウォーム

涼しい
- [ ] **cool**
クール

冷える
- [ ] **chilly**
チリィ

寒い
- [ ] **cold**
コウルドゥ

防寒具
- [ ] **a warm jacket**
ア　ウォーム ジャキットゥ

レインコート
- [ ] **a rain coat**
ア　レイン　コウトゥ

雨具
- [ ] **rain gear**
レイン　ギア

デパート（百貨店）
- [ ] **a department store**
ア　ディパートメントゥ　ストア

動物園
- [ ] **zoo**
ズー

水族館
- [ ] **an aquarium**
アン　アクウェリアム

遊園地
- [ ] **an amusement park**
アン　アミューズマントゥ　パーク

博物館（美術館）
- [ ] **a museum**
ア　ミュズィアム

美術館
- [ ] **an art museum**
アンナートゥ ミュズィアム

記念館
- [ ] **a memorial**
ア　ミモーリアル

寺
- [ ] **a temple**
ア　テンプル

神社
- [ ] **a shrine**
ア　シュライン

…城跡
- [ ] **the ruins of ... castle**
ザ　ルーインズアヴ　キャスル

皇居
- [ ] **the Imperial Palace**
ザ　インピリアル　パリス

花見
- [ ] **cherry-blossom viewing**
チェリィブロッサム　ヴューイング

祭り
- [ ] **a festival**
ア フェスティヴァル

Part2
電話対応

電話越しに会話する場面では、
表情やボディランゲージで
意志が伝わらないので、
的確な表現を使いましょう。

電話対応で使うフレーズ&単語

P.108
For how many nights?
何泊のご予定でしょうか?
P.120
Could you hold the line, please?
そのままお待ちくださいませ。
P.108
Good afternoon.
Nihon Hotel reservations.
May I help you?
こんにちは。
ニホンホテル予約課でございます。

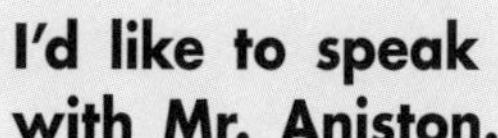

I'd like to speak with Mr. Aniston.
アニストンさんをお願いします。

12
9
3
6

P.120
Is he a hotel guest, ma'am?
お泊まりのお客様でございますか?
Operator
交換台

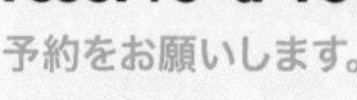

Yes, I'd like to reserve a room.
予約をお願いします。

phone
電話

Part2 電話対応

宿泊予約

予約受付

こんにちは。ニホンホテル予約課でございます。

Good afternoon. Nihon Hotel reservations. May I help you?

グッドゥ アフタヌーン ニホン ホテル
レザァヴェイシュンズ メイ アイ ヘルプ ユー

予約をお願いします。

Yes, I'd like to reserve a room.

イエス アイドゥ ライク トゥ リザーヴ ア ルーム

ありがとうございます。どちらのお日にちでいらっしゃいますか？

Thank you, sir.

サンキュー サァ

For what date would that be?

フォー ワットゥ デイト ウッドゥ ザットゥ ビー

何泊のご予定でしょうか？

For how many nights?

フォー ハウ メニ ナイツ

7月10日ご到着で12日ご出発でございますね。

Arriving July 10th and leaving on the 12th.

ァライヴィング ジュライ テンス アンドゥ リーヴィング オン ザ トゥウェルフス

少々お待ちくださいませ。

Could you hold the line, please?

クッジュー ホウルドゥ ザ ライン プリーズ

Could you wait a moment, please?

＊電話で「お待ちください」と言うときは、“hold the line”や“hold on”を使います。

当日のご到着予定時刻を伺えますでしょうか？

What time do you expect to arrive, sir?

ワッタイム ドゥ ユー イクスペクトゥ トゥ ァライヴ サァ

何名様でしょうか？

How many guests will there be in your party?

ハウ メニ ゲスツ ウィル ゼア ビー イン ユア パーティ

あいにく当ホテルでは、ペットはご遠慮いただいております。
I'm afraid pets are not allowed in the hotel.
アイム アフレイドゥ ペッツ アー ノットゥ アラウドゥ イン ザ ホテル
＊"not allowed"で「許されていない」という意味。

お名前とつづりをお願いいたします。
May I have your name, and could you
メイ アイ ハヴ ユア ネイム アンドゥ クッジュー
spell it for me, please?
スペル イットゥ フォー ミー プリーズ

予約不可

申し訳ございませんが、その日はご予約でいっぱいでございます。
I'm afraid our hotel is fully booked on
アイム アフレイダワ ホテル イズ フリィ ブックト オン
that night.
ザットゥ ナイトゥ

その日はどのお部屋もご予約でいっぱいでございます。
We are fully booked for all types of
ウィ アー フリィ ブックト フォー オール タイプス アヴ
room on that night.
ルーム オン ザットゥ ナイトゥ

ご予約日の変更をお願いできますでしょうか？
Is it possible for you to change your
イズ イットゥ パスィブル フォー ユー トゥ チェインジ ユア
reservation date?
レザァヴェイシュン デイト

キャンセルが出るかと思われます。
We might have cancellations.
ウィ マイトゥ ハヴ キャンサレイシュンズ

10月4日と10月8日から3泊はおとりできますが、10月7日の分はご予約でいっぱいでございます。
We have a twin available for three
ウィ ハヴァ トゥウィン アヴェイラブル フォー スリー
nights from October 4th and also for
ナイツ フラム アクトウバァ フォース アンドゥ オールソウ フォー
October 8th, but I'm afraid there is nothing
アクトウバァ エイトゥス バットゥ アイム アフレイドゥ ゼア イズ ナッスィング
available on the night of October 7th.
アヴェイラブル オン ザ ナイトゥ アヴ アクトウバァ セヴンス

Part 2 電話対応 宿泊予約

7日以外のすべての日にご予約を入れておきましょうか？

Would you like me to book you for all nights except the 7th?

ウッジュー ライク ミー トゥ ブック ユー フォー オール ナイツ イクセプトゥ ザ セヴンス

申し訳ございませんが、他のホテルの状況は当方ではわかりかねます。

I'm afraid we don't have any information on their room availability.

アイム アフレイドゥ ウィ ドウントゥ ハヴ エニ インファメイシュン オン ゼア ルーム アヴェイラビリティ

あいにく、その日も空きはございません。

Unfortunately, we have no room available on that day either.

アンフォーチュニットゥリィ ウィ ハヴ ノウ ルーム アヴェイラブル オン ザットゥ デイ イーザァ

＊"unfortunately"は「あいにく、運悪く」という意味。

とても混み合っている時期ですので、
今ご予約を入れられたほうがよろしいかと存じます。

I suggest you book now as it is the busiest time of the year.

アイ サジェストゥ ユー ブック ナウ アズ イットゥイズ ザ ビズィエスト タイム アヴ ザ イア

＊「もっとも混んでいる時期」は、"the busiest time"と表現します。

客室タイプの希望

どのようなお部屋がよろしいでしょうか？

What kind of room would you prefer?

ワットゥ カインドゥ アヴ ルーム ウッジュー プリファー

ダブルの部屋でお願いします。

A double.

ア ダブル

申し訳ございませんが、ダブルのお部屋はふさがっております。

I'm afraid we have no double rooms available.

アイムアフレイドゥ ウィ ハヴ ノウ ダブル ルームズ アヴェイラボー

シングルのお部屋とツインのお部屋がございます。

We have a single room or a twin room available.

ウィ ハヴァ スィングル ルーム オー ア トゥウィン ルーム アヴェイラボー

ツインでしたら22,000円と31,000円のお部屋をご用意できます。

We do have some twin rooms at 22,000 yen and 31,000 yen available.

ウィ ドゥ ハヴ サム トゥウィン ルームズ アットゥ トゥウェンティトゥーサウザンドゥ イェン アンドゥ サーティワンサウザンドゥ イェン アヴェイラボー

どちらをご希望ですか？

Which would you prefer?

ウィッチ ウッジュー プリファー

代わりに、多少狭くなりますが、12,000円のシングルのお部屋でしたらご用意できます。

Would you mind a smaller single room at 12,000 yen instead?

ウッジュー マインドゥ ア スモーラー スィングル ルーム アットゥ トゥウェルヴサウザンドゥ イェン インステッドゥ

あいにく3名様用のお部屋はございませんが、ツインのお部屋に予備のベッド1台をお入れすることができます。

I'm afraid we have no triple rooms, but we can put an extra bed into one of our twin rooms.

アイム アフレイドゥ ウィ ハヴ ノウ トゥリプル ルームズ バットゥ ウィ キャン プットゥ アンネクストゥラ ベッドゥ イントゥ ワン アヴ アワ トゥウィン ルームズ

いかがでしょうか？

Would that suit you?

ウッドゥ ザットゥ スートゥ ユー

Would that match you?

＊「要望に合う」は“suit”を使います。“match”は「(同じ)色彩が合う」、“fit”は「(洋服等が体に)合う」という意味です。

お客様のご希望としてお伺いさせていただきます。

We will make a note of your request.

ウィ ウィル メイク ア ノウトゥ アヴ ユア リクウェストゥ

コネクティングルームをおとりできないときは、代わりに隣同士あるいは向かい合わせのお部屋をご用意いたしますが、よろしいでしょうか？

If booking a connecting room is not possible, would you mind adjoining rooms, instead?

イフ ブッキング ア カネクティング ルーム イズノットゥ パスィブル ウッジュー マインドゥ アジョイニング ルームズ インステッドゥ

できる限りご希望に沿うようにいたします。

We will do our best.

ウィ ウィル ドゥ アワ ベストゥ

＊"do one's best"は「最善を尽くす」という意味の決まった表現です。

金額と支払い

シングルのお部屋は1泊12,000円でございます。

A single room is 12,000 yen per night.

ア スィングル ルーム イズ トゥウェルヴサウザンドゥ イェン パァ ナイトゥ

それに税金10%とサービス料10%を加算させていただきます。

There is also an 10% tax and a 10% service charge.

ゼア イズ オールソウ アンテンパァセントゥ タクス アンドゥ ア テンパァセントゥ サーヴィス チャージ

お支払いはご本人様でしょうか？

Shall we charge this to you directly?

シャル ウィ チャージ ズィス トゥ ユー ディレクトゥリィ

どなた様宛に請求書をお送りすればよろしいでしょうか？

To whom should we send the bill?

トゥ フーム シュッドゥ ウィ センドゥ ザ ビル

どちらの部署に請求書をお送りいたしましょうか？

Which department should the bill be made out to?

ウィッチ ディパートゥマントゥ シュッドゥ ザ ビル ビー メイドゥ アウトゥ トゥ

お客様の会社には特別割引をさせていただいております。

We do offer special rates for your company.

ウィ ドゥ オーファ スペシャル レイツ フォー ユア カンパニィ

予約の確定

ワトソン様。ご連絡先をお伺いできますでしょうか？

Mr. Watson. May I have your phone number, please?

ミスタァ ワトソン メイ アイ ハヴ ユア フォウン ナンバァ プリーズ

12-345-6789でございますか。ご連絡先はご自宅でしょうか？

12-345-6789, is this your home phone number?

ワントゥースリーフォーファイヴスィックスセヴンエイトゥナイン イズ ズィス ユア ホウム フォウン ナンバァ

日本でのご連絡先はございますでしょうか？

Where can we contact you in Japan?

ウェア キャン ウィ カンタクトゥ ユー イン ジャパン

ご予約の確認をさせていただきます。

Let me confirm your reservation.

レットゥ ミー カンファーム ユア レザァヴェイシュン

ワトソン様ご夫妻、31,000円のツインのお部屋で7月4日から7月6日までの3泊でご予約を承りました。

We have reserved a twin room for Mr. and Mrs. Watson at 31,000 yen per night for three nights from July 4th to July 6th.

ウィ ハヴ リザーヴド ア トゥウィン ルーム フォー ミスタァ アンドゥ ミスィズ ワトソン アットゥ サーティワンサウザンドゥ イェン パァ ナイト フォー スリー ナイツ フラム ジュライ フォース トゥ ジュライ スィクス

係は松崎でございます。

My name is Matsuzaki.

マイ ネイム イズ マツザキ

何かございましたらご遠慮なくお尋ねください。

If you have any further inquiries, please don't hesitate to contact me.

イフ ユー ハヴ エニ ファーザァ インクゥワイアリーズ プリーズ ドウントゥ ヘズィテイトゥー コンタクトゥ ミー

お客様のお越しをお待ちしております。お気をつけてお越しください。

We look forward to serving you. Have a safe trip.

ウィ ルック フォーワァドゥ トゥ サーヴィング ユー ハヴァ セイフ トゥリップ

Part 2 電話対応 宿泊予約

予約が確定したら、ファックスかメールで知らせてもらえますか？
Is it possible to inform me by fax or e-mail when my reservation has been confirmed?
イズイットゥ パスィブル トゥ インフォーム ミー バイ ファックス オー イーメイル ウェン マイ レザァヴェイシュン ハズ ビン カンファームド

かしこまりました。メールでもよろしければ、1時間以内にお送りいたします。
Certainly, sir. If e-mail is fine, we can send a confirmation within one hour.
サートゥンリィ サー イフ イーメイル イズ ファイン ウィ キャン センドゥ ア カンファーメイシュン ウィズィン ワン アワー

もし1時間以内にメールが届かなければご連絡ください。
If you don't receive the e-mail within an hour, please let us know.
イフ ユー ドウントゥ リスィーヴ ザ イーメイル ウィズィン アンナワー プリーズ レットゥ アス ノウ

予約の確認

予約の確認をしたいのですが。
I'd like to confirm a reservation.
アイドゥ ライク トゥ カンファーム ア レザァヴェイシュン

お客様のお名前を伺ってもよろしいですか？
May I have your name, please?
メイ アイ ハヴ ユア ネイム プリーズ

グリーン様ですね？
Ms. Green, correct?
ミズ グリーン カレクトゥ

Ms. Green, right?
＊"right"ではカジュアルな表現なので、"correct"を使いましょう。

お調べいたします。
I'll check our reservation record.
アイル チェック アワ レザァヴェイシュン リコード

グリーン様、4月17日水曜日から4泊のご予約をいただいております。
Ms. Green, you have a reservation for four nights starting from Wednesday, April 17th.
ミズ グリーン ユー ハヴァ レザァヴェイシュン フォー フォー ナイツ スターティング フラム ウェンズデイ エイプリゥ セヴンティーンス

お客様のご予約は間違いなく承っております。

Your room is confirmed for that day.

ユア　ルーム　イズ　カンファームド　フォー　ザットゥ　デイ

間違いございませんか？

Is that correct?

イズ　ザットゥ　カレクトゥ

お1人様でよろしいですか？

Is this a reservation for one person?

イズ　ズィス　ア　レザァヴェイシュン　フォー　ワン　パースン

Is this a reservation for only one?

＊「…だけ」という意味ですが、“only”を使うと否定的に聞こえる恐れがあります。

修正いたします。

I'll change that.

アイル　チェインジ　ザットゥ

いつごろご予約いただきましたでしょうか？

When did you make the reservation?

ウェン　ディッドゥ　ユー　メイク　ザ　レザァヴェイシュン

＊“make the reservation”は“reserve”や“book”と言ってもOKです。

ご予約をお受けした者の名前をおわかりでしょうか？

Do you remember the name of the clerk who made the reservation?

ドゥ　ユー　リメンバァ　ザ　ネイム　アヴ　ザ　クラーク　フー　メイドゥ　ザ　レザァヴェイシュン

ご予約はどなた様のお名前で頂戴しておりますでしょうか？

In whose name was the reservation made?

イン　フーズ　ネイム　ワズ　ザ　レザァヴェイシュン　メイドゥ

ご予約を頂戴した方のお名前でお部屋をおとりしてあるかもしれません。

The room may have been reserved in the name of the person who made the reservation.

ザ　ルーム　メイ　ハヴ　ビン　リザーヴド　イン　ザ　ネイム　アヴ　ザ　パースン　フー　メイドゥ　ザ　レザァヴェイシュン

あいにく当日のご予約にはお名前がございません。

I'm afraid we have no record of a reservation for that date in your name.

アイム アフレイドゥ ウィ ハヴ ノウ リコード アヴ ア レザァヴェイシュン フォー ザットゥ デイト イン ユア ネイム

予約の変更

宿泊日を8月21日から25日までに変えられますか？

Can I change the dates of my stay to August 21st until August 25th?

キャンナイ チェインジ ザ デイツ アヴ マイ ステイ トゥ オーガストゥ トゥウェンティファーストゥ アンティル オーガストゥ トゥウェンティフィフス

8月21日から25日までの4泊にご変更でございますか？

You would like to stay for four nights from August 21st, checking out on August 25th, correct?

ユー ウッドゥ ライク トゥ ステイ フォー フォー ナイツ フラム オーガストゥ トゥウェンティファーストゥ チェッキング アウトゥ オン オーガストゥ トゥウェンティフィフス コレクトゥ

＊"from ～ until ..."は「～から…まで」という表現です。

お部屋のタイプの変更はございますか？　ご予約は、ダブルのお部屋をおとりしています。

Will there be any change in your room type? Your reservation is for a double room.

ウィル ゼア ビー エニ チェインジ イン ユア ルーム タイプ ユア レザァヴェイシュン イズ フォー ア ダブル ルーム

ご予約の延長を手配しておきます。

We will extend your reservation for you.

ウィ ウィル イクステンドゥ ユア レザァヴェイシュン フォー ユー

大変申し訳ありませんが、3日間のみのご延長となります。

I'm very sorry, but I can only extend your stay to three days.

アイム ヴェリィ ソーリィ バットゥアイ キャン オウンリィ イクステンドゥ ユア ステイ トゥ スリー デイズ

それ以降、そのお部屋はすでに予約が入っております。

After that the room has already been booked.

アフタァ ザットゥ ザ ルーム ハズ オールレディ ビン ブックト

お部屋を移っていただくことは可能です。

It is possible for you to change rooms.

イットゥイズ　パスィブル　フォー　ユー　トゥ　チェインジ　ルームズ

しかしながら、違うタイプのお部屋になってしまいます。いかがでしょうか？

However, the type of room will be

ハウエヴァ　ザ　タイプ　アヴ　ルーム　ウィル　ビー

different. How does that sound?

ディファァラントゥ　ハウ　ダズ　ザットゥ　サウンドゥ

＊"sound"には「…に聞こえる、…に思われる」という意味があります。

2名で予約をしたのですが、3名に増やしたいです。

This was for two persons, but I'd

ズィス　ワズ　フォー　トゥー　パースンズ　バットゥアイドゥ

like to increase it to three.

ライク　トゥ　インクリース　イットゥトゥ　スリー

もっと大きなお部屋に変更なさいますか？

Would you like to change to

ウッジュー　ライク　トゥ　チェインジ　トゥ

a larger room?

ア　ラージア　ルーム

3名様ですと、ご予約いただいたツインのお部屋に加えて、もう1つシングルのお部屋が必要となります。

If there are three people, you will need the twin

イフ　ゼア　ラー　スリー　ピープル　ユー　ウィル　ニードゥ　ザ　トゥウィン

room you booked and an extra single room.

ルーム　ユー　ブックト　アンドゥ　アンネクストゥラ　スィングル　ルーム

料金が3,000円高くなりますが、よろしいですか？

The price will increase by 3,000 yen per

ザ　プライス　ウィル　インクリース　バイ　スリーサゥザンドゥ　イエン　パァ

night. Will that be all right?

ナイトゥ　ウィル　ザットゥ　ビー　オール　ライトゥ

予約の取り消し

失礼ですが、ご本人様でいらっしゃいますか？

Excuse me, but is the reservation for

イクスキューズ　ミー　バットゥ　イズ　ザ　レザァヴェイシュン　フォー

yourself or for another party?

ユアセルフ　オー　フォー　アナザァ　パーティ

予約をキャンセルしたいのですが。
I want to cancel my reservation.
アイ ウォントゥ キャンセル マイ リザァヴェインシュン

大変申し訳ありませんが、宿泊日の3日前のキャンセルとなりますので、代金の20%がキャンセル料としてかかります。
I'm very sorry, but as you are canceling
アイム ヴェリィ ソーリィ バットゥ アズ ユー アー キャンサリング
three days before your reservation, there
スリー デイズ ビフォー ユア レザァヴェイシュン ゼア
will be a cancellation fee of 20 %.
ウィル ビー ア キャンサレイシュン フィー アヴ トゥウェンティ パァセントゥ

リー様のお名前で3月1日から3泊のご予約、キャンセルということで承りました。
I will cancel Mr. Lee's reservation
アイ ウィル キャンサル ミスタァ リーズ レザァヴェイシュン
for three nights starting March 1st.
フォー スリー ナイツ スターティング マーチ ファーストゥ

またのご利用をお待ち申し上げます。
We look forward to another opportunity
ウィ ルック フォーワァドゥ トゥ アナザァ アパチュニティ
to serve you.
トゥ サーヴ ユー

設備・施設の問い合わせ

ホテル内のショップや自動販売機で、ミネラルウォーターをお買い求めいただけます。
You can buy mineral water at the hotel
ユー キャン バイ ミナラル ウォータァ アットゥ ザ ホテル
shop or at a vending machine.
ショップ オーアットゥア ヴェンディング マシーン

最寄のコンビニがホテルの隣にございます。
The closest convenience store is right
ザ クロウゼスト コンヴィニエンス ストー イズ ライトゥ
next to our hotel.
ネクストゥ トゥ アワ ホテル

＊"～ right next to ..."「すぐ隣の」という意味です。

Wi-Fiは全館でご利用いただけます。
Wi-Fi is available throughout the building.
ワイファイ イズ アヴェイラブル スルーアウトゥ ザ ビルディング

地下の駐車場とランドリーを除き、ホテル内のあらゆる場所でインターネット接続ができます。

Apart from the basement car park and the
アパートゥ フラム ザ ベイスマントゥ カー パーク アンドゥ ザ
laundry, you can connect anywhere in the hotel.
ローンドゥリィ ユー キャン カネクトゥ エニィウェア イン ザ ホテル

お客様のお部屋には、部屋続きのバスルームがついております。

There's a bathroom attached
ゼアズ ア バスルーム アタッチトゥ
in your room.
イン ユア ルーム

ベビーベッドをご用意しておきます。

A crib will be set for you.
ア クリブ ウィル ビー セットゥ フォー ユー

公共スペースはすべてバリアフリーです。

The public space is all barrier-free.
ザ パブリック スペイス イズ オール バリアフリー

マッサージルームがございます。

We have a massage room.
ウィ ハヴァ マサージ ルーム

何時まで滞在できますか？

What time can I stay till?
ワッタイム キャナイ ステイ ティル

午前11時半までご滞在いただけます。

You can stay until 11:30 a.m.
ユー キャン ステイ アンティル イレヴンサーティ エイエム

You can stay by 11:30 a.m.

＊"by"は「…までに」という意味なので、「…まで」という意味の"until"を使います。

チェックアウトされたあと、お荷物をお預かりいたします。

We will look after your baggage after
ウィ ウィル ルック アフタァ ユア バギッジ アフタァ
you check out.
ユー チェッカウトゥ

Part2 電話対応

外線の取り次ぎ

客室へつなぐ

アニスタンさんをお願いします。

I'd like to speak with Mr. Aniston.

アイドゥ ライク トゥ スピーク ウィズ ミスター アニストン

お泊まりのお客様でございますか？

Is he a hotel guest, sir?

イズ ヒー ア ホテル ゲストゥ サー

お呼び出しする方のフルネームをお伺いできますか？

May I have his full name, please?

メイ アイ ハヴ ヒズ フル ネイム プリーズ

外線からおかけでいらっしゃいますか？

Are you calling from outside, sir?

アー ユー コーリング フラム アウトゥサイドゥ サー

ただいまおつなぎいたします。そのままお待ちくださいませ。

I'll connect you.

アイル カネクトゥ ユー

Could you hold the line, please?

クッジュー ホウルドゥ ザ ライン プリーズ

＊「…へおつなぎします」と言うときは“connect you with ...”と続けます。

アニストン様でいらっしゃいますか。

Is this Mr. Aniston?

イズ ズィス ミスター アニストン

外線のお電話が入っております。

You have an outside call.

ユー ハヴ アンナウトゥサイドゥ コール

アニストン様が今お出になりました。

Mr. Aniston is on the line now.

ミスター アニストン イズ オン ザ ライン ナウ

Mr. Aniston is speaking now.

＊「今話しているのがアニストンさんだ」という意味になってしまいます。

どうぞお話しください。

Go ahead, please.

ゴウ　アヘッドゥ　プリーズ

団体のお客様ですか？

Is she with a tour group?

イズ　シー　ウィズ　ア　トゥアー　グループ

もう一度くり返していただけますか？

Could you repeat that, please?

クッジュー　リピートゥ　ザットゥ　プリーズ

もう少しゆっくりお話しいただけますか？

Could you speak more slowly, please?

クッジュー　スピーク　モー　スロウリィ　プリーズ

もう少し大きな声でお話しいただけますか？

Could you speak a little louder, please?

クッジュー　スピーク　ア　リトゥル　ラウダァ　プリーズ

どなたへおつなぎいたしますか？

Who would you like to speak to?

フー　ウッジュー　ライク　トゥ　スピーク　トゥ

ご案内係におつなぎいたします。

I'll connect you with the information desk.

アイル　コネクト　ユー　ウィズ　ズィ　インフォメイション　デスク

恐れ入りますが、こちらの電話はただいまお話し中でございます。

I'm afraid the line is busy.

アイム　アフレイドゥ　ザ　ライン　イズ　ビズィ

＊"busy"は"engaged"と言ってもOKです。

申し訳ございませんが、回線の状態が悪いようでございます。

I'm afraid the line is bad.

アイム　アフレイドゥ　ザ　ライン　イズ　バッドゥ

大変申し訳ございませんが、システム上割り込むことはいたしかねます。

We're very sorry, but our system

ウィアー　ヴェリィ　ソーリィ　バットゥ　アワ　スィスティム

doesn't allow us to cut in.

ダズントゥ　アラウ　アス　トゥ　カット　イン

＊"allow us to cut in"で、「回線に割りこむ」という意味。

お客様のご希望によりお電話はおつなぎいたしかねます。

At our guest's request, no calls are being connected to the room.

アットゥ アワ ゲスツ リクウェストゥ ノー コールズ アー ビーング カネクティッドゥ トゥ ザ ルーム

恐れ入りますが、番号をお間違えのようでございます。

I'm afraid you have the wrong number.

アイム アフレイドゥ ユー ハヴ ザ ロング ナンバァ

＊"have the wrong number"は決まった表現です。

申し訳ございませんが、その番号の部屋はございません。

I'm afraid we have no room with that room number.

アイム アフレイドゥ ウィ ハヴ ノウ ルーム ウィズ ザットゥ ルーム ナンバァ

館内呼び出し

お呼び出しを申し上げます。ダニエル・バルドー様、ダニエル・バルドー様。

May I have your attention, please? Paging Mr. Daniel Bardot, paging Mr. Daniel Bardot.

メイ アイ ハヴ ユア アテンシュン プリーズ ペイジングミスタァ ダニエル バルドー ペイジングミスタァ ダニエル バルドー

＊ホテルやデパートでの呼び出しの際には、"paging"「呼び出し」をつけます。

いらっしゃいましたら、お近くの館内電話をお取りになり、内線5番をお呼びくださいませ。

Please pick up the nearest house phone and dial extension 5. Thank you.

プリーズ ピック アップ ザ ニアレスト ハウス フォウン アンドゥ ダイアル イクステンシュン ファイヴ サンキュー

＊最後に"Thank you."をつけると、よりていねいな表現になります。

引き続きお呼び出ししております。

We are still paging.

ウィ アー スティル ペイジング

おつなぎいたしますので、いったんお切りいただけますでしょうか。

Could you hang up, please? We will call you back.

クッジュー ハング アップ プリーズ ウィ ウィル コール ユー バック

Could you cut, please?

＊「電話機を刃物で切る」という意味にとらえられかねません。「電話を切る」は"hang up"や"cut off"を使います。

恐れ入りますが、お呼び出しはロビーのみ可能です。
I'm afraid we can only page in the lobby area.
アイム アフレイドゥ ウィ キャン オウンリィ ペイジ イン ザ ロビー エリア

お客様の不在

どなたもお出になりません。
I'm afraid nobody answers.
アイム アフレイドゥ ノウバディ アンサァズ

お部屋からご返事がございません。
I'm afraid there's no reply in the room.
アイム アフレイドゥ ゼアズ ノウ リプライ イン ザ ルーム

カサド様は本日ご予約はいただいておりますが、まだチェックインされておりません。
Mr. Casado is booked for today, but he has not checked in yet.
ミスタァ カサド イズ ブックト フォー トゥデイ バットゥ ヒー ハズ ノットゥ チェックト イン イェットゥ

あいにく、そのお名前は宿泊者リストに見当たりません。
I'm afraid his name does not appear on the list.
アイム アフレイドゥ ヒズ ネイム ダズ ノットゥ アピア オン ザ リストゥ

似たようなお名前のお客様がいらっしゃいます。その方ではございませんでしょうか？
We have a guest with a similar name. Would that be him?
ウィ ハヴァ ゲストゥ ウィズ ア スィマラァ ネイム ウッドゥ ザットゥ ビー ヒム
＊読み方もつづりもまったく同じ場合は"the same name"と言います。

何日にチェックインされたかご存じですか。
Do you know what date he checked in?
ドゥー ユー ノウ ワットゥ デイトゥ ヒー チェックト イン

いつ到着のご予定でいらっしゃいますか？
When is he due to arrive?
ウェン イズ ヒー ドゥー トゥ アライヴ

あいにく、すでにご出発されていらっしゃいます。

I'm afraid he has already checked out.

アイム　アフレイドゥ　ヒー　ハズ　オールレディ　チェックト　アウトゥ

大変お待たせいたしました。

I'm very sorry to have kept you waiting.

アイム　ヴェリィ　ソーリィ　トゥ　ハヴ　ケプトゥ　ユー　ウェイティング

Thank you for waiting.

＊長い間お待たせした場合は"I'm verry sorry"を使い、謝罪の気持ちを表現します。

ベネット様をお呼び出しいたしましたが、あいにくお出になりません。

We have paged Mr. Bennet but I'm afraid he did not pick up the phone.

ウィ　ハヴ　ペイジド　ミスタァ　ベネット　バットゥ　アイム　アフレイドゥ　ヒー　ディッドゥ　ノットゥ　ピック　アップ　ザ　フォウン

あいにく館内にはいらっしゃらないようでございます。

I'm afraid he is not in the hotel.

アイム　アフレイドゥ　ヒー　イズ　ノットゥ　イン　ザ　ホテル

館内放送はいたしかねますが、レストランをお探しいたしましょうか？

We have no paging system.

ウィ　ハヴ　ノウ　ペイジング　スィステム

However, shall I try the restaurants?

ハウエヴァ　シャル　アイトゥライ　ザ　レスタランツ

リー様でいらっしゃいますか？　外線からお電話がございましたが、あいにく途中でお切りになってしまいました。

Ms. Lee? There was a call for you, but I'm afraid your party was cut off.

ミズ　リー　ゼア　ワズ　ア　コール　フォー　ユー　バットゥ　アイム　アフレイドゥ　ユア　パーティ　ワズ　カットゥ　オフ

お役に立ちませんで申し訳ございません。

I'm very sorry we couldn't help you.

アイム　ヴェリィ　ソーリィ　ウィ　クドゥントゥ　ヘルプ　ユー

伝言

伝言を受ける

1005号室のルーカスさんに伝言をお願いできますか？

Could you take a message for Ms.
クッジュー テイク ア メッスィッジ フォー ミズ
Lucas in room 1005, please?
ルーカス イン ルーム テンファイヴ プリーズ

かしこまりました。1005号室のルーカス様へのご伝言でございますね。

Certainly, sir. For Ms. Lucas in room 1005.
サートゥンリィ サー フォー ミズ ルーカス イン ルーム テンオーファイヴ

お客様のお名前をどうぞ。

Who is calling, please?
フー イズ コーリング プリーズ

ウィリアムズ様、ご伝言をどうぞ。

Mr. Williams. Go ahead, please.
ミスタァ ウィリアムズ ゴウ ァヘッドゥ プリーズ

彼女が帰り次第、電話をもらいたいのですが。

Could you ask her to call me back as
クッジュー アスク ハー トゥ コール ミー バック アズ
soon as she arrives at the hotel?
スーン アズ シー ァライヴズ アットゥ ザ ホテル

かしこまりました。お電話番号をお伺いできますでしょうか？

Certainly, sir.
サートゥンリィ サー
May I have your number, please?
メイ アイ ハヴ ユア ナンバァ プリーズ

他には何かございますでしょうか？

Is that the message?
イズ ザットゥ ザ メッスィッジ

＊"Is that the complete message?"と言ってもOKです。

Is that all the message?

＊「そんなにたくさんの伝言ですか」という意味になってしまいます。

1005号室のルーカス様へケヴィン・ウィリアムズ様よりご伝言です。

This message is for Ms. Lucas in room

ズィス　メッスィッジ　イズ フォー　ミズ　ルーカス　イン　ルーム

1005 from Mr. Kevin Williams.

テンオーファイヴ フラム　ミスタァ　ケヴィン　ウィリアムズ

ホテルへお帰りになり次第、
123-4567へお電話くださるようにとのことです。

Please call him back at 123-4567

プリーズ　コール　ヒム　バック　アットゥ　ワントゥースリーフォーファイヴスィックスセヴン

when you arrive at the hotel.

ウェン　ユー　ァライヴ　アットゥ　ザ　ホテル

以上でお間違いございませんでしょうか？

Is that correct?

イズ ザットゥ　カレクトゥ

ありがとうございます。風間が承りました。

Thank you very much.

サンキュー　ヴェリィ　マッチ

My name is Kazama.

マイ　ネイム　イズ　カザマ

何かございましたら私まで何なりとお申し付けくださいませ。

If you have any further inquiries, please

イフ　ユー　ハヴ　エニ　ファーザァ　インクゥワイアリーズ　プリーズ

don't hesitate to contact me.

ドウントゥ　ヘズィテイトゥ　トゥ　コンタクトゥ　ミー

＊"hesitate"は「ためらう、ちゅうちょする」という意味。

ご伝言を承りましょうか？

Would you like to leave a message?

ウッジュー　ライク　トゥ　リーヴ　ア　メッスィッジ

＊直訳だと「伝言を残されますか」という意味。「伝言を残す」は"leave a message"で表します。

フロントデスクで伝言を承りますので、おつなぎいたします。

I'll put you through to the front desk for

アイル プットゥ　ユー　スルー　トゥ　ザ　フロントゥ　デスク　フォー

messages.

メッスィッジイズ

恐れ入りますが、ご伝言の受付はお泊まりのお客様か、ご予約のあるお客様宛のものに限らせていただいております。

I'm afraid we can only take messages for staying guests, and those with future reservations.

アイム アフレイドゥ ウィ キャン オウンリィ テイク メッスィッジイズ フォー ステイング ゲスツ アンドゥ ゾウズ ウィズ フューチャ レザァヴェイシュンズ

恐れ入りますが、ご伝言の受付は簡単な内容のものに限らせていただいております。

I'm afraid we can only take simple messages.

アイム アフレイドゥ ウィ キャン オウンリィ テイク スィンプル メッスィッジイズ

テイラー様は本日ご出発の予定でございますが、何時のご出発か存じ上げません。

Ms. Taylor is due to check out today, but we're not sure at what time she is leaving.

ミズ テイラー イズ ドゥー トゥ チェッカウトゥ トゥデイ バットゥ ウィアー ノットゥ シュア アットゥ ワッタイム シー イズ リーヴィング

すでにお客様がチェックアウトされている場合はお伝えすることができませんがよろしいでしょうか？

If she has already checked out, we will not be able to give her the message. What would you like to do?

イフ シー ハズ オールレディ チェックト アウト ウィ ウィル ノットゥ ビー エイブル トゥ ギヴ ハー ザ メッスィッジ ワットゥ ウッジュー ライク トゥ ドゥー

ブラウン様はまだチェックインされていません。

Mr. Brown has not checked in yet.

ミスター ブラウン ハズ ノットゥ チェックト イン イェット

お手数ですが後ほどおかけ直しいただけますでしょうか？

Could you call again later, please?

クッジュー コール アゲン レイタァ プリーズ

ケヴィン・ウィリアムズ様からのご伝言をお預かりしております。

There is a message for you

ゼア　イズ　ア　メッスィッジ　フォー　ユー

from Mr. Kevin Williams.

フラム　ミスタァ　ケヴィン　ウィリアムズ

ウィリアムズ様から午後4時20分にお電話がございました。

Mr. Williams called at 4:20 p.m.

ミスタァ　ウィリアムズ　コールド　アットゥ フォートゥエンティ ピーエム

お帰りになりましたら、
すぐにでもお電話いただきたいとのことでございます。

He asked you to call him back as soon

ヒー　アスクト　ユー　トゥ　コール　ヒム　バック　アズ　スーン

as you return.

アズ　ユー　リターン

お電話番号は123-4567でございます。

His number is 123-4567.

ヒズ　ナンバァ　イズ　ワントゥースリーフォーファイヴスィックスセヴン

お客様の外出中に、安部様がお見えになってメッセージを置いてお帰りになりました。

Mr. Abe left a message for you while

ミスタァ　アベ　レフトゥ　ア　メッスィッジ　フォー　ユー　ワイル

you were out.

ユー　ワー　アウトゥ

ご伝言をお部屋にお届けいたします。

We'll bring the message to your room.

ウィル　ブリング　ザ　メッスィッジ　トゥ　ユア　ルーム

We'll send the message to your room.

＊"send"を使うと手紙などで部屋まで送るという意味になります。

ご伝言がございますので、フロントデスクでお受け取りくださいませ。

Please pick up your message at the

プリーズ　ピック　アップ　ユア　メッスィッジ　アットゥ　ザ

front desk.

フロントゥ　デスク

Part2 電話対応

客室からの電話

客室からの内線

友達の部屋にかけたいのですが、どうしたらよいですか？
I'd like to call my friend in his room. What shall I do?
アイドゥ ライク トゥ コール マイ フレンドゥ イン ヒズ ルーム ワットゥ シャル アイ ドゥ

お部屋番号はおわかりでいらっしゃいますか？
Do you know the room number, sir?
ドゥ ユー ノウ ザ ルーム ナンバァ サー

本館のお部屋へは、まず6を押し、次にお部屋番号を入力してください。
For rooms in the main building, please dial 6 and then the room number.
フォー ルームズ イン ザ メイン ビルディング プリーズ ダイアル スィックス アンドゥ ゼン ザ ルーム ナンバァ

館内同士の通話は無料でございます。
There is no charge for room-to-room calls.
ゼア イズ ノウ チャージ フォー ルーム トゥ ルーム コールズ

＊「館内同士の通話」は"house call"で表します。

客室からの外線

電話がつながらないのですが。
The call won't go through.
ザ コール ウォントゥ ゴー スルー

東京都内へおかけになるときは、市外局番は必要ございません。
For calls inside Tokyo, the area code is not necessary.
フォー コールズ インサイドゥ トウキョウ ズィ エリア コウドゥ イズ ノットゥ ネスィセリィ

東京都外へは最初に0を押し、次に市外局番と番号をお押しください。
For calls outside Tokyo, please dial 0 and then the area code and number.
フォー コールズ アウトゥサイドゥ トウキョウ プリーズ ダイアル ズィーロウ アンドゥ ゼン ズィ エリア コウドゥ アンドゥ ナンバァ

国際電話

着信受付

1820号室のアーサー・ブラウン様にニューヨークのスミス様からコレクトコールです。

We have a collect call for Mr. Arthur Brown in room 1820 from Mr. Smith in New York.

ウィ ハヴァ カレクトゥ コール フォー ミスタァ アーサー ブラウン イン ルーム エイティーントゥウェンティ フラム ミスタァ スミス イン ニューヨーク

国際電話オペレーター

通話完了後に時間と料金の通知をお願いします。

May I have the time and charge after the call?

メイ アイ ハヴ ザ タイム アンドゥ チャージ アフタァ ザ コール

そのままでお待ちください。

Hold on, please.

ホウルドゥ オン プリーズ

ブラウン様でいらっしゃいますか。

Is this Mr. Brown?

イズ ズィス ミスタァ ブラウン

ニューヨークのスミス様からコレクトコールでございます。

You have an overseas collect call from Mr. Smith in New York.

ユー ハヴ アンノウヴァスィーズ カレクトゥ コール フラム ミスター スミス イン ニューヨーク

お受けいただけますか。

Will you accept the call?

ウィル ユー アクセプトゥ ザ コール

お待たせいたしました。ブラウン様がコレクトコールをお受けになりました。

Thank you for waiting. My party accepts the call and he is on the line now.

サンキュー フォー ウェイティング マイ パーティ アクセプツ ザ コール アンドゥ ヒー イズ オン ザ ライン ナウ

＊"my party"は「(電話の)相手」という意味。

どうぞお話しください。
Go ahead, please.
ゴウ　アヘッドゥ　プリーズ

コレクトコールですか、ペイドコールですか。
Is this a collect call or a paid call?
イズ ズィス ア カレクトゥ コール オー ア ペイドゥ コール

＊"Is this a paid call?"だけでもOKです。

どなた様をお呼びいたしますか。
Who are you calling?
フー　アー　ユー　コーリング

そちらの方のお名前をいただけますか。
May I have your party's name?
メイ アイ ハヴ ユア パーティズ ネイム

コリンズ様はコレクトコールをお受けにならないそうです。
Mr. Collins does not accept collect calls.
ミスタァ コリンズ ダズ ノットゥ アクセプトゥ カレクトゥ コールズ

Mr. Collins does not get collect calls.
＊「(コレクトコールを)受ける」は"accept"を使います。

申し訳ございませんが、当ホテルではお客様あてのコレクトコールはお受けいたしかねます。
I'm sorry, but the hotel does not accept any collect calls.
アイム ソーリィ バットゥ ザ ホテル ダズ ノットゥ アクセプトゥ エニ カレクトゥ コールズ

発信受付

電話をかけたいのですが。
I'd like to make a call.
アイドゥ ライク トゥ メイク ア コール

国内でございますか、海外でございますか？
Is this a domestic or an international call?
イズ ズィス ア ダメスティック オー アン インタァナシュナル コール

Part 2 電話対応

国際電話

どちらの国におかけになりますか？

Which country are you calling?

ウィッチ　カントゥリィ　アー　ユー　コーリング

お支払いはお客様でございますか？

Is this a paid call?

イズ　ズィス　ア　ペイドゥ　コール

Will you pay for this call?

＊お客様によっては気分を害される場合もあるので、「コレクトコール」か「ペイドコール」か尋ねましょう。

指名通話、番号通話どちらになさいますか？

A person-to-person or

ア　パースントゥ　パースン　オー

a station-to-station call, sir?

ア　ステイシュン　トウ　ステイション　コール　サー

お呼び出しする方のフルネームとお電話番号を頂戴できますでしょうか。

Could you tell me the party's full name

クッジュー　テル　ミー　ザ　パーティズ　フル　ネイム

and telephone number, please?

アンドゥ　テリフォウン　ナンバァ　プリーズ

お客様のお名前とお部屋番号をお願いいたします。

May I have your name and room

メイ　アイ　ハヴ　ユア　ネイム　アンドゥ　ルーム

number, please?

ナンバァ　プリーズ

先方がお出になりましたらお呼びいたしますので、受話器を置いてお待ちください。

Could you hang up, please?

クッジュー　ハング　アップ　プリーズ

We will call you back.

ウィ　ウィル　コール　ユー　バック

ワン様をお願いできますでしょうか？

May I speak to Mr. Wang, please?

メイ　アイ　スピーク　トゥ　ミスタァ　ワン　プリーズ

国際電話のオペレーターにお申し込みをいたしておきます。

I'll place the call for you with the overseas operator.

アイル プレイス ザ コール フォー ユー ウィズ ズィ オウヴァスィーズ アパレイタァ

国際電話のオペレーターにおつなぎいたしますので、そちらでお申し込みくださいませ。

I'll put you through to the overseas operator.

アイル プットゥ ユー スルー トゥ ズィ オウヴァスィーズ アパレイタァ

Please ask the operator for assistance.

プリーズ アスク ズィ アパレイタァ フォー アスィスタンス

パリのオペレーターに直接つながりますので、そちらでお申し込みくださいませ。

You will reach the Paris operator directly.

ユー ウィル リーチ ザ パリス アパレイタァ ディレクトゥリィ

Please ask the operator for assistance.

プリーズ アスク ザ アパレイタァ フォー アスィスタンス

国際電話は、お済みでしょうか。

Are you through with your overseas call?

アー ユー スルー ウィズ ユア オウヴァスィーズ コール

ただいまおかけになりました国際電話の料金は、3,000円でございます。

The telephone charge for the overseas call you've made is 3,000 yen.

ザ テリフォウン チャージ フォー ズィ オウヴァスィーズ コール ユーヴ メイドゥ イズ スリーサウザンドゥ イェン

ご出発のときにご精算くださいませ。

We will add it to your final room bill.

ウィ ウィル アッドゥ イットゥ トゥ ユア ファイヌル ルーム ビル

＊「最終的な請求書に加算しておきます」という文です。

国際電話はただいま大変混みあっております。

I'm afraid all the international lines are busy now.

アイム アフレイドゥ オール ズィ インタァナシュナル ラインズ アー ビズィ ナウ

Part 2 電話対応 国際電話

少し時間がたちましてから、もう一度おかけ直しいただけますか？

Could you try again in a few minutes, please?

クッジュー トゥライ アゲン イン ア フュー ミニッツ プリーズ

＊“in a few minutes”は“a little later”と言ってもOKです。

お部屋から直接おかけになれます。

You may call direct from your room, ma'am.

ユー メイ コール ディレクトゥ フラム ユア ルーム マム

オペレーターを通すよりも、お客様がおかけになるほうがお安くなります。

It is cheaper than booking it through the operator.

イットゥ イズ チーパー ザン ブッキング イットゥ スルー ザ アパレイタァ

指名電話ですと3分以内でも3分間の料金となりますが、直接おかけになりますと6秒ごとの料金計算となります。

If you call direct, you are charged by the 6-second unit and not the 3-minute unit as for person-to-person calls.

イフ ユー コール ダイレクト ユー アー チャージド バイ ザ スィックス セカンドゥ ユーニットゥアンドゥ ノットゥ ザ スリー ミニットゥ ユーニットゥ アズ フォー パースントゥパースン コールズ

まず外線発信番号の0、そして国際電話のアクセスコードの001、次にアメリカの国番号1、それから市外局番に続き電話番号をお回しください。

First, please dial 0 to get an outside line, then 001 for the international access code, next, 1 for the country code of the United States, and then the area code and the telephone number.

ファーストゥ プリーズ ダイアル ズィーロウ トゥ ゲットゥ アンナウトゥサイドゥ ライン ゼン ズィーロウズィーロウワン フォー ザ インタァナシュナル アクセス コウドゥ ネクストゥ ワン フォー ザ カントゥリィ コウドゥ アヴ ザ ユーナイティッドゥ ステイツ アンドゥ ゼン ズィ エリア コウドゥ アンドゥ ザ テリフォウン ナンバァ

通話料金の問い合わせ

お客様のお部屋に国別番号表がございます。
The country codes are listed in
ザ　カントゥリィ　コウズ　アー　リスティッド　イン
the service directory in your room.
ザ　サーヴィス　ディレクタリィ　イン　ユア　ルーム

アメリカへの通話料金を教えていただけますか？
Could you tell me the rates for
クッジュー　テル　ミー　ザ　レイツ　フォー
calls to the U.S.?
コールズ　トゥ　ザ　ユーエス

かしこまりました。アメリカ本土でしょうか？
Certainly, sir. For the mainland U.S.A.?
サートゥンリィ　サー　フォー　ザ　メインランドゥ　ユーエスエイ
＊"mainland"「本土」。アメリカ合衆国の場合、ハワイなどの本土以外へかけるお客様もいます。

指名通話では3分間あたり平日3,000円、日曜は2,800円でございます。
A 3-minute person-to-person call is
ア　スリー　ミニットゥ　パースントゥパースン　コール　イズ
3,000 yen on weekdays and
スリーサウザンドゥ　イェン　オン　ウィークデイズ　アンドゥ
2,800 yen on Sundays.
トゥーサウザンドゥエイトゥハンドゥリッドゥ　イェン　オン　サンデイズ

番号通話は平日、日曜ともに2,500円でございます。
A station-to-station call is 2,500
ア　ステイシュン　トゥ　ステイシュン　コール　イズ　トゥーサウザンドゥファイヴハンドゥリッドゥ
yen on both weekdays and Sundays.
イェン　オン　ボウス　ウィークデイズ　アンドゥ　サンデイズ

超過料金は1分ごとに800円となります。
For each additional minute,
フォー　イーチ　アディショナル　ミニットゥ
the charge is 800 yen.
ザ　チャージ　イズ　エイトゥハンドゥリッドゥ　イェン

Part2 関連単語集 COLUMN

有料TV
□ a pay TV
ア ペイ ティーヴィー

ジム
□ a gym
ア ジム

プール
□ a swimming pool
ア スウィミング プール

エステ（スパ）
□ a spa
ア スパ

シャンプー
□ shampoo
シャンプー

せっけん
□ soap
ソウプ

コーヒーメーカー
□ a coffee maker
ア コーフィ メーカー

国際電話
□ an international call
アンインタァナシュナル コール

回線
□ the line
ザ ライン

不良で
□ bad
バッドゥ

雑音がして
□ noisy
ノイズィ

妨害
□ interference
インタァフィランス

全回線利用中（空きがない）
□ no line available
ノー ライン アヴェイラブル

ガーガーなどの音
□ crackling noise
クラックリング ノイズ

途切れる
□ cut off
カットゥ オフ

混線
□ a crossed line
ア クロースド ライン

取り消された
□ canceled
キャンサルド

次の滞在予定地
□ forwarding address
フォーワァディング アドゥレス

宿泊予約
□ the room reservation desk
ザ ルーム レザァヴェイシュン デスク

レストラン予約
□ the restaurant reservation desk
ザ レスタラントゥ レザァヴェイシュン デスク

ボイスメール
□ voice mail
ヴォイス メイル

コレクトコール（着信者払い）
□ a collect call
ア カレクトゥ コール

ペイドコール（発信者払い）
□ a paid call
ア ペイドゥ コール

時差
□ the time difference
ザ タイム ディファランス

日本時間
□ Japan Standard Time
ジャパン スタンダァドゥ タイム

…より～時間進んで
□ ～ hours ahead of ...
アワーズ アヘッドゥ アヴ

…より～時間遅れて
□ ～ hours behind ...
アワーズ ビハインドゥ

…と同じで
□ the same as ...
ザ セイム アズ

Part3
館内施設&レストラン

館内施設の利用方法や、
食事のメニューについて
解説するときには、時間や素材を
明確に伝えることが大切です。

レストランで使うフレーズ＆単語
My name is Darcy.
ダーシーです。
P.149
Certainly, Mr. Darcy.
May I take your coat?
お待ちしておりました、
ダーシー様。コートをお預かり
いたしましょうか？
Waiter
ウェイター
P.161
Here you are.
お待たせいたしました。
steak
ステーキ
champagne
シャンパン

What would you like to drink?
お飲み物は何にいたしましょうか？

Waitress
ウェイトレス

Wine, please.
ワインをお願いします。

MENU

MENU

Soda water, please.
炭酸水をください。

ギフトショップ・売店

DL 3_01

迎え入れる

いらっしゃいませ。何かお伺いいたしましょうか？

Good morning, sir.
グッドゥ　モーニング　サァ

How may I help you?
ハウ　メイ　アイ　ヘルプ　ユー

ご用件は伺っておりますか？

Is someone helping you?
イズ　サムワン　ヘルピング　ユー

気になる商品はございましたか？

Is there anything you are interested in?
イズ　ゼア　エニィスィング　ユー　アー　イントゥリスティッドゥ イン

何かお探しでしょうか？

Can I help you find something?
キャンナイ　ヘルプ　ユー　ファインドゥ　サムスィング

おみやげをお探しですか？

Are you looking for souvenirs?
アー　ユー　ルッキング　フォー　スーヴァニアズ

＊"souvenir"は「自分のためのおみやげ」、"gift"は「誰かに贈るおみやげ」という意味。

見ているだけです。

I'm just looking. Thank you.
アイム ジャストゥ　ルッキング　センキュー

どうぞごゆっくりご覧ください。

Feel free to browse.
フィール　フリー　トゥー　ブラウズ

ご用があればお声がけください。

If you need any help, I'll be right here.
イフ　ユー　ニードゥ　エニ　ヘルプ　アイル　ビー　ライトゥ　ヒア

すぐにお伺いいたします。

I'll be right there.
アイル　ビー　ライトゥ　ゼア

ご案内いたします。こちらへどうぞ。
I'll show you. This way, please.
アイル　ショウ　ユー　ズィス　ウェイ　プリーズ

友人へのおみやげを探しているのですが、何かよい物はありませんか？
I'm looking for a present for my friend. Could you recommend anything?
アイム　ルッキング　フォー　ア　プレザントゥ　フォー　マイ　フレンドゥ　クッジュー　レカメンドゥ　エニスィング

どのような物をお探しですか？
What kind of goods are you looking for?
ワットゥ　カインドゥ　アヴ　グッズ　アー　ユー　ルッキング　フォー

こちらに和風の物がたくさんございます。
There are a lot of Japanese-style goods.
ゼア　ラー　ア　ロットゥ　アヴ　ジャパニーズ　スタイル　グッズ

日本語をプリントしたTシャツはとても人気です。
T-shirts featuring Japanese characters are very popular.
ティーシャートゥ　フィーチャリング　ジャパニーズ　キャリクタァズ　アー　ヴェリィ　パピュラァ
＊「漢字」は"Chinese characters"と言います。

一番人気はこの湯呑みです。
The most popular item is this tea cup.
ザ　モゥストゥ　パピュラー　アイテム　イズ　ズィス　ティー　カップ

こちらは若い女性に人気の商品です。
This is popular with young ladies.
ズィス　イズ　パピュラー　ウィズ　ヤング　レディーズ

お好きな色はございますか？
Do you have any color preference?
ドゥー　ユー　ハヴ　エニ　カラァ　プレファランス

普段使いされる物ですか？
Would you like a daily-use item?
ウッジュー　ライク　ア　デイリィユーズ　アイタム

ご予算はおいくらでお考えですか？

How much is your budget?

ハウ マッチ イジュア バジェットゥ

恐れ入りますが、よく聞き取れませんでした。

I'm afraid I didn't quite get that.

アイム アフレイドゥ アイディドゥントゥ クワイトゥ ゲットゥ ザットゥ

もう一度おっしゃってくださいますか？

Could you say that again, please?

クッジュー セイ ザットゥ アゲン プリーズ

Repeat that, please?

＊横柄な態度に思われてしまうので、必ず"Could you ...?"を付けて聞きましょう。

もう少しゆっくりお話しいただけますでしょうか？

Could you speak more slowly?

クッジュー スピーク モー スロウリィ

用途・特徴の説明

こちらは高品質の商品です。

This is a high-quality product.

ズィス イズ ア ハイクワリティ プラダクトゥ

こちらはとても使いやすいです。

This is very useful.

ズィス イズ ヴェリィ ユースフル

とても機能的です。

It's very functional.

イッツ ヴェリィ ファンクシァナル

このお守りは金運に恵まれるアイテムです。

This omamori is a charm to bring luck with money.

ズィス オマモリ イズ ア チャーム トゥ ブリング ラック ウィズ マニィ

日本伝統の漆器です。

It's our traditional lacquerware.

イッツ アワ トゥラディシュナル ラッカァウェア

＊「和風の物」は"Japanese-style goods"と言います。

お客様のジャケットには、こちらのストールがお似合いです。
This stole goes well with your jacket.
ズィス　ストーウル　ゴーズ　ウェル　ウィズ　ユア　ジャキットゥ

こちらは色違いもございます。
We have this in another color.
ウィ　ハヴ　ズィス　イン　アナザァ　カラァ

会計

他にお探しの物はございますでしょうか？
Would you like anything else?
ウッジュー　ライク　エニィスィング　エルス

もう少し店内を見て回ります。
I'll look around some more.
アイル ルック　アラウンド　サム　モー

レジでお預かりしておきます。
I'll hold this for you at the register.
アイル ホウルドゥ　ズィス　フォー　ユー　アットゥ　ザ　レジスタァ

レジでご精算ください。
Please pay at the cash register.
プリーズ　ペイ　アットゥ　ザ　キャッシュ　レジスタァ

こちらでお会計いたします。
You can pay here.
ユー　キャン　ペイ　ヒア

順番に並んでお待ちください。
Please wait in line.
プリーズ　ウェイトゥ イン　ライン

次にお待ちのお客様、こちらのレジへどうぞ。
Next customer, please.
ネクストゥ　カスタマァ　プリーズ

お支払いは現金でございますか、カードになさいますか。
Would you like to settle by cash or credit card?
ウッジュー　ライク　トゥ　セットゥ　バイ　キャッシュ
オー クレディットゥ カードゥ

3点で合計5,300円になります。

The total amount is 5,300 yen for three items.

ザ トータル アマウントゥ イズ ファイヴサゥザンドゥスリーハンドゥリッドゥ イェン フォー スリー アイタムズ

まけてくれませんか？

Can you give a discount?

キャン ユー ギヴァ ディスカウント

申し訳ございませんが、当店は値引き販売をしておりません。

I'm sorry, but discounts are not available.

アイム ソーリィ バット ディスカウツ アー ノットゥ アヴェイラボー

*"I'm afraid our prices are fixed."「当店では定価販売のみとなっております」と言ってもよいでしょう。

10,000円お預かりしましたので、4,700円のお返しです。

From 10,000 yen, here's 4,700 yen change.

フラム テンサゥザンドゥ イェン ヒアズ フォーサゥザンドゥセヴンハンドゥリッドゥ イェン チェインジ

お先に大きい方から。4,000円のお返しです。

I'll give you the bills first.

アイル ギヴ ユー ザ ビルズ ファーストゥ

Here's 4,000 yen change.

ヒアズ フォーサゥザンドゥ イェン チェインジ

残りが細かいお釣りで、700円です。

And then the small change is 700 yen.

アンドゥ ゼン ザ スモール チェインジ イズ セヴンハンドゥリッドゥ イェン

レシートをお持ちください。

Please hold on to this receipt.

プリーズ ホウルドゥ オン トゥ ズィス リスィートゥ

どうぞご確認ください。ありがとうございました。

Please check your change.

プリーズ チェック ユア チェインジ

Thank you very much.

サンキュー ヴェリィ マッチ

関連単語集 COLUMN

くし
- ☐ **a comb**
  ア　コウム

かんざし
- ☐ **an ornamental hairpin**
  アン　オーナメントゥル　ヘアピン

手鏡
- ☐ **a hand mirror**
  ア　ハンドゥ　ミラァ

ハンカチ
- ☐ **a handkerchief**
  ア　ハンカァチフ

キーホルダー
- ☐ **a keychain**
  ア　キーチェイン

携帯ストラップ
- ☐ **a cell-phone strap**
  ア　セルフォウン　ストゥラップ

日傘
- ☐ **a parasol**
  ア　パラソル

ライター
- ☐ **a cigarette lighter**
  ア　スィガレットゥ　ライタァ

靴下
- ☐ **socks**
  サックス

ピアス
- ☐ **pierced earrings**
  ピアスド　イアリングス

手ぬぐい
- ☐ **a Japanese hand towel**
  ア　ジャパニーズ　ハンドゥ　タウアル

織物
- ☐ **textile／fabric**
  テクスタイル　ファブリック

風鈴
- ☐ **a wind chime**
  ア ウィンドゥ　チャイム

扇子
- ☐ **a folding fan**
  ア　フォウルディング　ファン

箸
- ☐ **chopsticks**
  チャップスティックス

箸置き
- ☐ **a chopsticks rest**
  ア　チャップスティックス　レストゥ

とっくり
- ☐ **a sake bottle**
  ア　サケ　ボトゥル

お猪口（ちょこ）
- ☐ **a small sake cup**
  ア　スモール　サケ　カップ

絵はがき
- ☐ **a picture postcard**
  ア　ピクチャ　ポストカードゥ

小物入れ
- ☐ **an accessory case**
  アン　アクセサリィ　ケイス

上品な
- ☐ **classy**
  カラッスィー

定番の
- ☐ **basic**
  ベイスィック

最新の
- ☐ **latest**
  レイテスト

流行の
- ☐ **popular**
  パピュラァ

陶器
- ☐ **pottery**
  パタリィ

木製の
- ☐ **wooden**
  ウドゥン

革製品／革製品の
- ☐ **leather**
  レザァ

ガラス
- ☐ **glass**
  グラス

レストラン

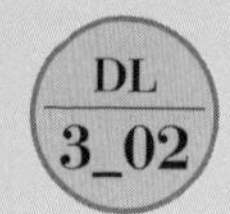

予約の受付(電話)

レストラン「いろは」でございます。ご用をお伺いいたします。
Good afternoon, Iroha Restaurant.
グッドゥ アフタヌーン イロハ レスタラントゥ
May I help you?
メイ アイ ヘルプ ユー

席を予約したいのですが。
Yes. I'd like to make a reservation.
イエス アイドゥライク トゥ メイク ア レザァヴェイシュン

ありがとうございます。いつをご希望でしょうか?
Thank you. For when, sir?
サンキュー フォー ウェン サァ

何時がよろしいですか?
What time would you like?
ワッタイム ウッジュー ライク

午後7時ですね?
The time is 7:00 p.m., correct?
ザ タイム イズ セヴン ピーエム コレクトゥ
*"Is 7:00 p.m. OK?"と言ってもOKです。

何名様ですか?
How many persons, please?
ハウ メニ パースンズ プリーズ
*"How many in your party?"と言ってもOKです。

喫煙席と禁煙席がございますが、どちらがよろしいでしょうか?
Would you like smoking seats or non-smoking?
ウッジュー ライク スモウキング スィーツ オー ノンスモウキング

テラス席もございます。
We also have tables on the terrace.
ウィ オウルソー ハヴ テイブルズ オン ザ テラス

落ち着いてお食事を楽しんでいただける個室がご用意できます。

A private room is available, so you can dine in a comfortable atmosphere.

ア プライヴィットゥ ルーム イズ アヴェイラブル ソー ユー キャン ダイン イン ア カムファタブル アトゥマスフィア

お席をお取りできるかどうか確認いたします。

I'll check to see if there are any seats available.

アイル チェック トゥ スィー イフ ゼア アー エニ スィーツ アヴェイラブル

ご希望のお席をお取りできます。

We have the table you requested.

ウィ ハヴ ザ テイブル ユー リクウェスティドゥ

申し訳ございません。7時は満席でございます。

I'm sorry, we're fully booked at 7:00.

アイム ソーリィ ウィアー フリィ ブックトゥ アットゥ セヴン

8時ならお席をご用意できます。

We have a table at 8:00.

ウィ ハヴァ テイブル アットゥ エイトゥ

＊「お席」は“table”で表します。

ご予約は必要ありません。

You don't have to make a reservation.

ユー ドウントゥ ハフタ メイク ア レザァヴェイシュン

申し訳ありませんが、ご予約は受けておりません。

I'm afraid that we do not accept reservations.

アイム アフレイドゥ ザットゥ ウィ ドゥー ノットゥ アクセプトゥ レザァヴェイシュンズ

I'm afraid that we do not make a reservation.

＊「申し訳ありませんが、私どもは予約をいたしません」という意味になるので「受ける」という意味の“accept”を使いましょう。

お越しいただいた順にご案内しています。

You will be seated on a first-come, first-served basis.

ユー ウィル ビー スィーティッド オン ア ファーストゥカム ファーストゥサーヴドゥ ベイスィス

営業の案内(電話)

当店の営業時間は午前11時からです。

We are open from 11:00 a.m.

ウィ　アー　オウパン　フラム　イレヴン　エイエム

ランチのご提供は午後3時まででございます。

We serve lunch from our opening time until 3:00 p.m.

ウィ　サーヴ　ランチ　フラム　アワ　オウパニング　タイム　アンティル　スリー　ピーエム

ディナーは夕方5時からでございます。

Dinner is from 5:00 in the evening.

ディナァ　イズ　フラム　ファイヴ　イン　ズィ　イーヴニング

閉店は午後11時です。

We close at 11:00 p.m.

ウィ　クロウズ　アットゥ　イレヴン　ピーエム

ラストオーダーは10時30分でございます。

Last order is at 10:30 p.m.

ラストゥ　オーダー　イズ アットゥ テンサーティ　ピーエム

水曜日は定休日です。

We're closed every Wednesday.

ウィアー　クロウズドゥ　エヴリ　ウェンズデイ

年末年始は営業しておりません。

We are not open during the year-end and New Year holidays.

ウィ　アー　ノットゥ　オウパン　ドゥリング　ザ　イアエンドゥ　アンドゥ　ニュー　イア　ホリデイズ

予約の確定(電話)

お客様のお名前をいただけますか。

May I have your name, please?

メイ　アイ　ハヴ　ユア　ネイム　プリーズ

2108号室のダーシー様、2名様で今晩7時のご予約でございますね。

Mr. Darcy in room 2108, two persons at 7:00 this evening.

ミスタァ　ダーシー　イン　ルーム　トゥウェンティワンオウエイトゥ　トゥー　パースンズ　アットゥ　セヴン　ズィス　イーヴニング

ダーシー様、お電話番号をいただけますか？

Mr. Darcy, may I have your phone number?

ミスタァ ダーシー メイ アイ ハヴ ユア フォウン ナンバァ

念のため復唱いたします。

Let me make sure that I caught that.

レットゥ ミー メイク シュア ザットゥ アイ コートゥ ザットゥ

＊"make sure ..."で「…だと確かめる」という意味。

今晩7時に2名様で、禁煙席でございますね？

A non-smoking table for two at 7:00 tonight.

ア ノンスモウキング テイブル フォー トゥー アットゥ セヴン トゥナイトゥ

お電話ありがとうございました。

Thank you for calling.

サンキュー フォー コーリング

ありがとうございます。お待ちしております。

Thank you very much.

サンキュー ヴェリィ マッチ

We're looking forward to seeing you.

ウィアー ルッキング フォーワァドゥ トゥ スィーイング ユー

迎え入れる

ダーシーです。7時に予約をしているんですが。

My name is Darcy.

マイ ネイム イズ ダーシー

I have a reservation at 7:00.

アイ ハヴァ レザァヴェイシュン アットゥ セヴン

お待ちしておりました、ダーシー様。コートをお預かりいたしましょうか？

Certainly, Mr. Darcy.

サートゥンリィ ミスタァ ダーシー

May I take your coat?

メイ アイ テイク ユア コウトゥ

＊"Shall I keep your coat?"と言ってもOKです。

ご予約をいただいておりますでしょうか。

Do you have a reservation with us?

ドゥ ユー ハヴァ レザァヴェイシュン ウィズ アス

少々お待ちください。席を確認してまいります。

Just a moment.
ジャストゥア　モーメン

I'll check to see if there is a table.
アイル　チェック　トゥ　スィー　イフ　ゼア　イズ　ア　テイブル

すぐに6名様のお席をご用意いたします。

We'll set a table for six immediately.
ウィール　セットゥ　ア　テイブル　フォー スィックス イミーディアットゥリィ

カウンター席ならすぐにご案内できます。

We only have seats at the counter.
ウィ　オウンリィ　ハヴ　スィーツ アットゥ　ザ　カウンタァ

We only have counter seats.

＊「カウンター席」は“seats at the counter”と言います。

あちらの方たちと相席でしたらご案内できますが、よろしいですか？

Do you mind joining them?
ドゥ　ユー　マインドゥ　ジョイニング　ゼム

＊“join”は「加わる」という意味。

お席が別々になってしまいますが、よろしいでしょうか？

Would you mind sitting separately?
ウッジュー　マインドゥ スィッティング　セパリットゥリィ

申し訳ありません、ただいま満席です。

I'm afraid all the tables are full.
アイム　アフレイドゥ オール　ザ　テイブルズ　アー　フル

おそらくあと10分ほどで、お席にご案内できます。

We may have a table
ウィ　メイ　ハヴァ　テイブル

available for you in about 10 minutes.
アヴェイラボー　フォー　ユー　イン　アバウトゥ　テン　ミニッツ

こちらのリストにお名前をご記入いただければ順番にお呼びします。

Please write in your name on
プリーズ　ライトゥ　イン　ユア　ネイム　オン

the waiting list and wait to be called.
ザ　ウェイティング リストゥ アンドゥ ウェイトゥ トゥ　ビー　コールドゥ

お名前をお呼びするまで、こちらのイスに腰かけてお待ちください。

Please take a seat here until your name is called.
プリーズ テイク ア スィートゥ ヒア アンティル ユア ネイム イズ コールドゥ

ただ今混みあっております。ご注文の前にお席をお取りくださいますか？

It's very crowded now.
イッツ ヴェリィ クラウディッドゥ ナウ

Could you find a seat before you order?
クッジュー ファインドゥ ア スィートゥ ビフォー ユー オーダァ

列に並んでお待ちいただけますか？

Would you mind waiting in line?
ウッジュー マインドゥ ウェイティング イン ライン

タバコは吸えますか？

Can I smoke?
キャナイ スモーク

あいにく当店は全席禁煙です。

I'm afraid all the tables are non-smoking.
アイム アフレイドゥ オール ザ テイブルズ アー ノンスモウキング

喫煙ができるのは屋外のテラス席のみです。

Smoking is allowed only on the terrace.
スモウキング イズ アラウド オウンリィ オン ザ テリス

まもなく禁煙席が空きます。

A non-smoking seat will be available soon.
ア ノンスモウキング スィートゥ ウィル ビー アヴァイラブル スーン

お席にご案内いたします。

I'll show you to your table.
アイル ショウ ユー トゥ ユア テイブル

こちらへどうぞ。

This way, please.

ズィス　ウェイ　プリーズ

こちらのお席でございます。

Here's your table.

ヒアズ　ユア　テイブル

Here's your seat.

＊"seat"は座る場所（イス）を指します。

こちらのお席でよろしいでしょうか？

Is this table all right?

イズ　ズィス　テイブル　オール　ライトゥ

こちらがメニューでございます。

Here's the menu, ma'am.

ヒアズ　ザ　メニュー　マム

＊"And the menu for you, ma'am."のほうがよりていねいな言い方になります。

お荷物はこちらにお置きいただけますか？

Please put your bags here.

プリーズ　プットゥ　ユア　バッグズ　ヒア

お子様用のイスをご用意いたしましょうか？

Shall I bring a high chair for your baby?

シャル　アイ　ブリング　ア　ハイ　チェア　フォー　ユア　ベイビィ

お好きなお席へどうぞ。

Any table is okay.

エニ　テイブル　イズ　オウケイ

ここの席でもいいですか？

May I sit here?

メイ　アイスィット　ヒア

恐れ入りますが、こちらは予約席でございます。

I'm afraid this table is reserved.

アイム　アフレイドゥ　ズィス　テイブル　イズ　リザーヴドゥ

後ほどご注文を伺いにまいります。

I'll be back when you are ready to order.

アイル ビー バック ウェン ユー アー レディ トゥ オーダァ

ご注文がお決まりになりましたら、呼び出しボタンを押してください。

Please press the buzzer when you have decided what you would like to order.

プリーズ プレス ザ バザァ ウェン ユー ハヴ ディサイディドゥ ワットゥ ユー ウドゥ ライク トゥ オーダァ

注文をとる

お食事の前に何かお飲み物をお召し上がりになりますか？

Would you like something to drink to start with?

ウッジュー ライク サムスィング トゥ ドゥリンク トゥ スタートゥ ウィズ

ご注文はお決まりでしょうか？

Are you ready to order now?

アー ユー レディ トゥ オーダァ ナウ

＊"May I take your order now?"と言ってもOKです。

お飲み物は何にいたしましょうか？

What would you like to drink?

ワットゥ ウッジュー ライク トゥ ドゥリンク

ワインをお願いします。

Wine, please.

ワイン プリーズ

こちらの料理には辛口の白ワインがよろしいかと思います。

A dry white would be good for this dish.

ア ドゥライ ワイトゥ ウッドゥ ビー グッドゥ フォー ズィス ディッシュ

こちらが（本日の）おすすめでございます。

This is the recommendation (for today).

ズィス イズ ザ レカメンデイシュン （フォー トゥデイ）

＊"the chef's recommendation"とすると「料理長のおすすめ」を表すことができます。

メインはこの3種の中からお選びくださいますか。
Please choose your main dish from these three choices.
プリーズ チューズ ユア メイン ディッシュ フラム ズィーズ スリー チョイスィズ

何かアレルギーはございますか？
Do you have any allergies?
ドゥ ユー ハヴ エニ アラァジィズ

こちらにはナッツは入っておりませんので、ご安心ください。
You don't need to worry.
ユー ドウントゥ ニードゥ トゥ ワリィ
There are no nuts in this.
ゼア アー ノウ ナッツ イン ズィス

ナッツの代わりにシリアルをお出しいたします。
I'll serve cereal instead of nuts.
アイル サーヴ スィリアル インステッドゥ アヴ ナッツ

ディナーコースはいかがですか？
How about the course dinner?
ハウ ァバウトゥ ザ コース ディナァ

ステーキの焼き加減はいかがいたしましょうか？
How would you like your steak?
ハウ ウッジュー ライク ユア ステイク

＊"How would you like ...?"は「どんな風に」「どの程度に」と尋ねる表現です。

ミディアムにしてください。
Medium, please.
ミディアム プリーズ

ディナーコースには、スープかサラダがつきます。
The course dinner has a choice of soup or salad.
ザ コース ディナァ ハズ ア チョイス アヴ スープ オー サラッドゥ

The course dinner has a choice of soup and salad.

＊"and"を使うと、スープとサラダの両方がつくという表現になります。

サラダのドレッシングは何になさいますか？
What kind of dressing would you like on your salad?
ワットゥ カインドゥ アヴ ドゥレッスイング ウッジュー ライク オン ユア サラッドゥ

フレンチ・ドレッシング、オイル・アンド・ビネガー、それに自家製ドレッシングがございます。
We have French, oil and vinegar, and a house dressing.
ウィ ハヴ フレンチ オイル アンドゥ ヴィニガァ アンドゥ ア ハウス ドゥレッスイング

どちらがよろしいでしょうか？
Which would you prefer?
ウィッチ ウッジュー プリファー
＊"prefer"は「…のほうを好む」という意味。"Which would you like?"と言ってもOKです。

パンとライス、どちらになさいますか？
Which would you like, bread or rice?
ウィッチ ウッジュー ライク ブレッドゥ オー ライス
＊お客様の返答として"a small portion of rice"「ライス少なめ」も考えられます。

コロッケは単品でもセットでもご注文いただけます。
The croquettes are served as an individual dish or as part of the set menu.
ザ クロケット アー サーヴド アズ アン インディヴィジュオー ディッシュオー アズ パートゥ アヴ ザ セットゥ メニュー

オムレツはセットではなく単品のご注文でよろしいでしょうか？
You mean, you would like the omelet by itself, and not as the set meal?
ユー ミーン ユー ウッドゥ ライク ズィ アムリットゥ バイ イットゥセルフ アンドゥ ノットゥ アズ ザ セットゥ ミール

お飲み物は、お食事とご一緒にお持ちいたしますか？ あとになさいますか？
Would you like your drink with your meal or after your meal?
ウッジュー ライク ユア ドゥリンク ウィズ ユア ミール オー アフタァ ユア ミール

サービスのコーヒーは、ホットかアイスかどちらかをお選びいただけます。

You can have hot or iced complimentary coffee.

ユー キャン ハヴ ホットゥ オー アイスドゥ カンプリマンタリ コーフィ

紅茶にはミルクかレモンをおつけいたしますか？

Would you like your tea with milk or a slice of lemon?

ウッジュー ライク ユア ティー ウィズ ミルク オー ア スライス アヴ レマン

デザートに果物はいかがでしょうか？

For dessert, would you like some fruit?

フォー ディザートゥ ウッジュー ライク サム フルーツ

＊"Would you care for some fruit[a drink]?"と言ってもOKです。

他に何かお飲物はいかがですか？

Would you like something else to drink?

ウッジュー ライク サムスィング エルス トゥ ドゥリンク

ご注文を確認いたします。

Let me repeat your order.

レットゥ ミー リピートゥ ユア オーダァ

ご注文に間違いはありませんか？

Is everything all right with your order?

イズ エヴィリィスィング オール ライトゥ ウィズ ユア オーダァ

Is this a wrong order?

＊「間違ったご注文ですか」ではなく、「ご注文に間違いはありますか」という表現で聞きましょう。

フォークをお持ちしましょうか？

Would you like me to bring you a fork?

ウッジュー ライク ミー トゥ ブリング ユー ア フォーク

では、お待ちください。

Certainly, I'll be right back.

サートゥンリー アイル ビー ライトゥ バック

この「カツ丼」というのは何ですか？
What is this katsudon made of?
ワットゥ イズ ズィス カツドン メイドゥ アヴ

ごはんに卵でとじたトンカツをのせたものでございます。
It's a breaded pork cutlet and egg served on rice.
イッツ ア ブリーディッドゥ ポーク カットゥリットゥ アンドゥ エッグ サーヴド オン ライス
＊「…丼」はすべて"... served on rice"で表すことができます。

当店の自慢料理の1つでございます。
It is one of our specialties, ma'am.
イットゥイズ ワン アヴ アワ スペシアリティズ マム

さしみ定食には、野菜の炊き合わせ、ごはん、すまし汁、香の物がつきます。
Sashimi teishoku comes with some cooked vegetables, a bowl of rice, clear soup, and some Japanese pickles.
サシミ テイショク カムズ ウィズ サム クックト ヴェジタブルズ ア ボウル アヴ ライス クリア スープ アンドゥ サム ジャパニーズ ピクルス

地元の旬の素材を使っています。
We use seasonal and local ingredients.
ウィ ユーズ スィーズナル アンドゥ ロウカル イングリーディアンツ

We use season and local ingredients.
＊"season"の形容詞は"seasonal"です。

当店のロールキャベツはひと味違います。
This is not just another cabbage roll.
ズィス イズ ノットゥ ジャストゥ アナザァ キャビッジ ローウル

オムライスはチキンライスをオムレツに詰めたものです。
Omu-rice is an omelet stuffed with chicken and tomato-flavored rice.
オムライス イズ アン アムリット スタッフド ウィズ チキン アンドゥ トメイトゥ フレイヴァードゥ ライス

こちらのカレーライスは、
インド風ではなく日本で好まれる庶民の味です。

This curry and rice is an everyday dish in Japan, but it isn't Indian style.

ズィス カーリィ アンドゥ ライス イズ アンネヴリデイ ディッシュ イン ジャパン バットゥイットゥイズントゥ インディアン スタイル

＊「…風」は"... style"で表すことができます。

ナポリタンは野菜とソーセージを炒めたパスタをケチャップで味付けしたものです。

Napolitan is a spaghetti with vegetables and sliced sausages in a ketchup-based sauce.

ニアポリタン イズ ア スパゲティ ウィズ ヴェジタブルズ アンド スライスドゥ ソウセージィズ イン ア ケチャップベイスドゥ ソース

この料理は醤油味です。

This dish is flavored with soy sauce.

ズィス ディッシュ イズ フレイヴァドゥ ウィズ ソイ ソース

この鶏肉料理の隠し味は、香ばしい粒コショウです。

The pepper grains in this chicken dish are the secret ingredient.

ザ ペッパァ グレインズ イン ズィス チキン ディッシュ アー ザ スィークリットゥ イングリーディアントゥ

歯ごたえはありますが、硬いというほどではありません。

It's not hard but chewy.

イッツ ノットゥ ハードゥ バットゥ チューイ

調理法の説明

これはどんな料理ですか？

What kind of dish is this?

ワットゥ カインドゥ アヴ ディッシュ イズ ズィス

こちらは鶏の煮物です。

This is chicken cooked in broth.

ズィス イズ チキン クックトゥ イン ブロース

This is chicken cooks in broth.

＊人の行為ではなく食材を説明しているので、"cook"は受動態にします。"This chicken is cooked in broth."と言うのはOKです。

この魚は骨まで食べられるほど柔らかく煮込みました。
This fish is thoroughly cooked so it can be eaten whole.
ズィス フィッシュイズ サロウリィ クックトゥ ソウ イットゥ キャン ビー イートゥン ホウル
＊「骨まで食べられる」＝「全部食べられる」と考えて、“whole”「全部」を使います。

こちらはシンプルな塩焼きです。
This is a simple dish broiled with salt.
ズィス イズ ア スィンプル ディッシュ ブロイルドゥ ウィズ ソールトゥ

こちらは魚を照り焼きにしたものです。
This is fish marinated in sweetened soy sauce and grilled.
ズィス イズフィッシュ マリネイテッドゥ イン スウィーテンドゥ ソイ ソース アンドゥ グリルドゥ

この鶏肉は香辛料で味付けしてじっくり焼いたものです。
This chicken is spice-marinated and roasted.
ズィス チキン イズ スパイスマリネイティドゥ アンドゥ ロウスティドゥ

トンカツは豚肉にフライの衣をつけて揚げています。
Tonkatsu is made by dipping the pork into egg then bread crumbs, and then deep-fried.
トンカツ イズ メイドゥ バイ ディッピング ザ ポーク イントゥ エッグ ゼン ブレッドゥ クラムズ アンドゥ ゼン ディープ フライドゥ

ゆでたイカを酢みそで和えたものです。
It's boiled squid with vinegared soybean paste.
イッツ ボイルドゥスクウィッドゥウィズ ヴィニガァドゥ ソイビーン ペイストゥ

茶碗蒸しは、卵と具材を茶碗に入れて蒸しています。
Chawanmushi is steamed egg custard with savory fillings in a cup.
チャワンムシ イズ スティームドゥ エッグ カスタードゥ ウィズ セイヴァリィ フィリングス イン ア カップ

こちらは白菜を唐辛子やニンニクで漬けた漬け物です。
This is Chinese cabbage pickled with chili and garlic.
ズィス イズ チャイニーズ キャビッジ ピクルドゥ ウィズ チリィ アンドゥ ガーリック

Part 3 館内施設＆レストラン
レストラン

関連単語集 COLUMN

ウェルダン
☐ **well-done**
ウェルダン

ミディアム
☐ **medium**
ミーディアム

レア
☐ **rare**
レア

薄い
☐ **mild**
マイルド

あっさりしている
☐ **light flavor**
ライトゥ フレイヴァ

濃い
☐ **strong flavor**
ストゥローング フレイヴァ

濃厚
☐ **heavy**
ヘヴィ

甘い
☐ **sweet**
スウィートゥ

辛い
☐ **hot / spicy**
ホットゥ スパイシー

苦い
☐ **bitter**
ビタァ

塩辛い
☐ **salty**
ソールティ

甘辛い
☐ **salty-sweet**
ソールティスウィートゥ

酸っぱい
☐ **sour**
サウア

硬い
☐ **hard**
ハードゥ

歯ごたえがある
☐ **crunchy**
クランチー

柔らかい
☐ **soft**
ソフトゥ

砂糖
☐ **sugar**
シュガァ

しょうゆ
☐ **soy sauce**
ソイ ソース

塩
☐ **salt**
ソールトゥ

コショウ
☐ **pepper**
ペッパァ

酢
☐ **vinegar**
ヴィニガァ

味噌
☐ **soybean paste**
ソイビーン ペイストゥ

和カラシ
☐ **Japanese mustard**
ジャパニーズ マスタァドゥ

ショウガ
☐ **ginger**
ジンジャ

ニンニク
☐ **garlic**
ガーリック

ユズ
☐ **yuzu citrus**
ユズ シトラス

唐辛子
☐ **red pepper**
レッドゥ ペッパァ

山椒
☐ **Japanese pepper**
ジャパニーズ ペッパァ

料理の提供

お待たせいたしました。

Here you are.

ヒア　ユー　アー

ステーキをご注文の方はどちら様でしょうか？

The steak is for?

ザ　ステイク　イズ　フォー

料理が大変熱くなっております。

This dish is extremely hot.

ズィス　ディッシュ　イズ　イクストゥリームリィ　ホットゥ

気をつけてお召し上がりください。

Please be careful when eating.

プリーズ　ビー　ケアフォー　ウェン　イーティン

ご注文は以上でお揃いでしょうか？

Is that everything?

イズ　ザットゥ　エヴリィスィング

Is that all?

＊"all"を使うと「それだけですか？」という意味になるので、"everything"を使います。

ごゆっくりお楽しみください。

Enjoy your dinner.

インジョイ　ユア　ディナァ

会計

すみません。お勘定をお願いします。

Excuse me. Check, please.

イクスキューズ　ミー　チェック　プリーズ

お会計はお席で承ります。

Please pay at your table.

プリーズ　ペイ　アットゥ　ユア　テイブル

＊「テーブルでお支払いください」という意味の文章です。

ただ今伝票をお持ちいたします。

I'll bring the check.

アイル　ブリング　ザ　チェック

お会計はレジでお願いしております。

Please pay the cash register.

プリーズ　ペイ　ザ　キャッシュ　レジスタァ

＊「レジ係にお支払いください」という表現です。

お会計は、みなさんご一緒でよろしいですか？　それとも別々になさいますか？

Would you like everything on one bill

ウッジュー　ライク　エヴリィスィング　オン　ワン　ビル

or separate checks?

オー　セパレイトゥ　チェックス

現金は日本円のみとなります。

Cash payment is in yen only.

キャッシュ　ペイマントゥ　イズ　イン　イェン　オウンリィ

全部で5,400円になります。

That will be 5,400 yen.

ザットゥ　ウィル　ビー　ファイヴサウザンドゥフォーハンドゥリッドゥ　イェン

ステーキセットの方は3,400円、オムライスセットの方は2,000円いただきます。

It comes to 3,400 yen for the steak

イットゥ　カムズ　トゥ　スリィサウザンドゥフォーハンドゥリッドゥ　イェン　フォー　ザ　ステイク

set and 2,000 yen for the omu-rice set.

セットゥ　アンドゥ　トゥサウザンドゥ　イェン　フォー　ズィ　オムライス　セットゥ

＊"come to..."は「合計が…になる」という意味。

合計金額を3で割ると、お1人様およそ1,700円でございます。

Dividing the total price by three, it comes

ディヴァイディング　ザ　トウトゥル　プライス　バイ　スリー　イットゥ　カムズ

to about 1,700 yen per person.

トゥ　アバウトゥ　ワンサウザンドゥセヴンハンドゥリッドゥ　イェン　パー　パースン

カードは使えますか？

Can I use my credit card?

キャナイ　ユーズ　マイ　クレディットゥ　カードゥ

当店で扱っているのはマスターカードのみとなります。

We only accept MasterCard.

ウィ　オウンリィ　アクセプトゥ　マスタァカードゥ

当店ではカードでのお支払いはお受けしておりません。

We do not take credit cards.

ウィ　ドゥ　ノットゥ　テイク　クレディットゥ　カーズ

手書きの領収書でもよろしいですか？

Are you fine with a handwritten receipt?

アー　ユー　ファイン　ウィズ　ア　ハンドゥリトゥン　リスィートゥ

お宛名はどうなさいますか？

What is the title would you like on the receipt?

ワットゥ　イズ　ザ　タイトゥ　ウッジュー　ライク　オン　ザ　リスィートゥ

但し書きはお食事代でよろしいですか？

May I write payment for meals?

メイ　アイ　ライトゥ　ペイマントゥ　フォー　ミールズ

部屋につけておいてください。

Charge it to my room, please.

チャージ　イットゥトゥ　マイ　ルーム　プリーズ

かしこまりました。お名前とお部屋番号をご記入いただけますか。

Certainly, sir.

サートゥンリィ　サー

Could you sign your name and write your room number here?

クッジュー　サイン　ユア　ネイム　アンドゥ　ライトゥ　ユア　ルーム　ナンバァ　ヒア

お部屋におつけしておきましょうか？

Shall I charge this to your room?

シャル　アイ　チャージ　ズィス　トゥ　ユア　ルーム

レシートはご不要でしたら破棄しますが、よろしいですか？

If you don't need the receipt, shall I throw it away?

イフ　ユー　ドウントゥ　ニードゥ　ザ　リスィートゥ　シャル　アイ　スロウ　イットゥ　アウェイ

またのお越しをお待ち申し上げております。

We hope to see you again.

ウィ　ホウプ　トゥ　スィー　ユー　アゲン

日本の料理

DL 3_03

おにぎり

ご飯を握って、海苔で巻きます。

Hold and roll the rice on your hand,
ホウルドゥ アンドゥ ロウル ザ ライス オン ユア ハンドゥ
and wrap it with a strip of nori seaweed.
アンドゥ ラップ イットゥ ウィズ ア ストゥリップ アヴ ノリ スィーウィードゥ

＊「おにぎり」は"rice-ball"と言います。

中心には梅干しや焼鮭などの具が入っています。

It is stuffed with a pickled plum,
イットゥ イズ スタッフドゥ ウィズ ア ピクルドゥ プラム
grilled salmon, or other fillings.
グリルドゥ サーマン オー アザァ フィリングス

＊"filling"は「詰めもの、中身、具」という意味。

具の種類が豊富です。

Fillings vary.
フィリングス ヴェリィ

おこわ

もち米を使います。

We use sticky rice.
ウィ ユーズ スティッキィ ライス

炊く前に複数の食材を混ぜ、味を付けます。

Mix it with some other ingredients and
ミックス イットゥ ウィズ サム アザァ イングリーディアンツ アンドゥ
add seasoning before cooking.
アッドゥ スィーズニング ビフォー クッキング

味噌汁

大豆から作る調味料の味噌で味を調えます。

We season it with miso made from
ウィ スィーズン イットゥ ウィズ ミソ メイドゥ フラム
soybeans.
ソイビーンズ

日本の伝統的な一品です。

It's a traditional Japanese dish.
イッツ ア トゥラディシュナル ジャパニーズ ディッシュ

吸い物

出汁をきかせて醤油で味を調えた、澄んだ色の汁物です。

It's a clear soup made with stock and
イッツ　ア　クリア　スープ　メイドゥ　ウィズ　スタック　アンドゥ
flavored with soy sauce.
フレイヴァードゥ　ウィズ　ソイ　ソース

寿司

日本にはお寿司を手で食べる文化があります。

In Japanese culture, sushi can be eaten
イン　ジャパニーズ　カルチャ　スシ　キャン　ビー　イートゥン
with your fingers.
ウィズ　ユア　フィンガーズ

食べ方を教えてください。

Please let me know how to eat them.
プリーズ　レットゥ ミー　ノウ　ハウ　トゥイートゥ　ゼム

一口で食べてください。

Please try to eat each piece in one bite.
プリーズ　トゥライ　トゥ　イートゥ　イーチ　ピース　イン　ワン　バイトゥ

*"We usually put each piece into the mouth in one go."「日本では普通一口で食べますよ」のように婉曲に言うこともできます。

Please try to eat each piece in one mouth.

*「1つの口で食べる」という表現になってしまします。

1つのネタで2つずつのお寿司をお出しします。

There are two pieces of sushi
ゼア　ラー　トゥー　ピースィズ　アヴ　スシ
on each dish.
オン　イーチ　ディッシュ

*「握り寿司」は"hand-shaped sushi"、「巻き寿司」は"rolled sushi"、もしくは "a sushi roll"、「軍艦巻き」は"battleship roll"と言います。

お好みのお品をおひとつずつご注文いただけます。

Would you like to order one by one?
ウッジュー　ライク　トゥ　オーダァ　ワン　バイ　ワン

食べる前に醤油を小皿に注いで、それにお寿司をつけて食べます。

Before eating, pour soy sauce in a small
ビフォー　イーティング　ポー　ソイ　ソース　イン　ア　スモール
dish and dip the sushi in it.
ディッシュ　アンドゥ　ディップ　ザ　スシ　イン イットゥ

シャリではなく、ネタのほうに軽く付けてください。

Don't dip the rice, but instead dip just the topping side very slightly.

ドウントゥ ディップ ザ ライス バットゥ インステッドゥ ディップ ジャストゥ ザ トッピング サイドゥ ヴェリィ スライトゥリィ

こちらはネタに味が付いています。そのままお召し上がりください。

This sushi is already seasoned.

ズィス スシ イズ オールレディ スィーズンドゥ

Please enjoy it without any sauce.

プリーズ インジョイ イットゥ ウィザウトゥ エニ ソース

ネタは火を通したものや酢漬けにしたものもあります。

We also serve cooked or vinegared items.

ウィ オールソウ サーヴ クックト オー ヴィニガァドゥ アイタムズ

日本のわさびは、西洋のわさびよりもとても辛いです。

Wasabi is much spicier and hotter than Western horseradish.

ワサビ イズ マッチ スパイシア アンドゥ ホッタァ ザン ウェスタン ホースラディッシュ

お寿司はわさび抜きにいたしましょうか？

Would you like sushi without wasabi?

ウッジュー ライク スシ ウィザウトゥ ワサビ

＊「…なしで［に］」という意味の"without"を使って「…抜きで［に］」と言うことができます。

食べられないものはありますか？

Is there anything you don't eat?

イズ ゼア エニィスィング ユー ドウントゥ イートゥ

これはガリといって、しょうがをスライスしたものを酢、砂糖、塩に漬けた食べ物です。

This is gari, thinly sliced ginger pickled in sweet vinegar, sugar, and salt.

ズィス イズ ガリ スィンリィ スライスト ジンジャ ピクルドゥ イン スウィートゥ ヴィニガァ シュガァ アンドゥ ソールトゥ

何を頼んだらよいかわからないのですが。
I don't know what I should order.
アイドゥントゥ ノウ ワットゥ アイ シュッドゥ オーダァ

ショーケースのネタを見て、ご注文ください。
You can choose any item in the display.
ユー キャン チューズ エニ アイタム イン ザ ディスプレイ

今日は活きのいいカツオが入っていますよ。
We have fresh bonito today.
ウィ ハヴ フレッシュ バニートウ トゥデイ

天然もののアワビはいかがですか？
Would you like wild abalone instead of farmed?
ウッジュー ライク ワイルドゥ アバロウニィ インステッドゥ アヴ ファームド
*"wild"は「天然の」、"farmed"は「養殖された」という意味。

回転寿司は、コンベアに乗って回っているお寿司を自分でとって食べる店です。
Kaitenzushi is a place where you pick sushi from a rotating conveyor belt.
カイテンズシ イズ ア プレイス ウェア ユー ピック スシ フラム ア ロウテイティング カンベイア ベルトゥ

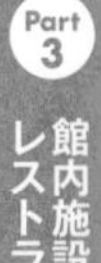

日本の料理

天ぷら

天ぷらは衣をつけて油で揚げた料理です。
Tempura is dipped in wheat flour batter and deep-fried.
テンプラ イズ ディップト イン ウィートゥ フラウア バタァ アンドゥ ディープフライドゥ

魚介や野菜などがおもな食材です。
The main ingredients are fish, shellfish, and vegetables.
ザ メイン イングリーディアンツ アー フィッシュ シェルフィッシュ アンドゥ ヴェジタブルズ

季節によって野菜が変わります。
Vegetables vary with the seasons.
ヴェジタブルズ ヴェリィ ウィズ ザ スィーズンズ

天ぷらを食べるときは天つゆや塩を使います。

You eat the tempura with the dipping sauce or with salt.

ユー イートゥ ザ テンプラ ウィズ ザ ディッピング ソース オー ウィズ ソールトゥ

＊「つゆ」でも「タレ」でも“sauce”と言うことが多いです。

大根おろしとおろしショウガを加えてください。

Add grated Japanese radish and grated ginger.

アッドゥ グレイティドゥ ジャパニーズ ラディッシュ アンドゥ グレイティド ジンジャ

この「かき揚げ」というのは何ですか？

What is this kakiage made of?

ワットゥ イズ ズィス カキアゲ メイドゥ アヴ

かき揚げは、野菜と魚介類を刻んで揚げたものです。

Kakiage is deep-fried battered seafood mixed with thinly sliced vegetables.

カキアゲ イズ ディープ フライドゥ バタァドゥ スィーフードゥ ミクストゥ ウィズ スィンリィ スライスドゥ ヴェジタブルズ

当店の海鮮かき揚げには貝の小柱が入っています。

We have deep-fried battered seafood that includes scallops.

ウィ ハヴ ディープフライドゥ バタァドゥ スィーフードゥ ザットゥ インクルーズ スカラップス

天丼は、丼に盛ったご飯の上に甘めの醤油ダレがかかった天ぷらをのせたものです。

Tendon is tempura seasoned with a sweet soy-based sauce served on rice.

テンドン イズ テンプラ スィーズンドゥ ウィズ ア スウィートゥ ソイベイスドゥ ソース サーヴド オン ライス

大きなエビの天ぷらがのっています。

It's topped with jumbo shrimp tempura.

イッツ トップトゥ ウィズ ジャンボ シュリンプ テンプラ

そば

そばは、穀類のそばで作った麺です。

Soba is a noodle made from buckwheat.

ソバ イズ ア ヌードゥル メイドゥ フラム バックウィートゥ

麺は手打ちで作っております。

Our noodles are hand-made.

アワ ヌードゥルス アー ハンドゥメイドゥ

冷たいものと温かいものがあります。

There are hot and cold noodles.

ゼア ラー ホットゥ アンドゥ コウルドゥ ヌードゥルス

味の基本は、醤油味です。

Soy sauce is the basic seasoning.

ソイ ソース イズ ザ ベイスィック スィーズニング

温かいそばには、お好みで七味唐辛子を振りかけてお召し上がりください。

You can flavor hot soba with shichimi red pepper.

ユー キャン フレイヴァ ホットゥ ソバ ウィズ シチミ レッドゥ ペッパァ

冷たいそばはそばつゆにつけて食べます。

Dip cold soba into the sauce before eating.

ディップ コウルドゥ ソバ イントゥ ザ ソース ビフォー イーティング

ざるそばは冬でも人気の高いそばの1つです。

Zaru is one of the most popular soba dishes even in winter.

ザル イズ ワン アヴ ザ モウストゥ パピュラァ ソバ ディッシーズ イーヴン イン ウィンタァ

＊「…でさえ」と強調したいときに"even"を使います。

わさびはそばつゆの中で溶かしてください。

Mix wasabi into the sauce.

ミクス ワサビ イントゥ ザ ソース

＊"mix ... into ～"は「…を～に加える」、"mix ... with ～"は「…を～と混ぜる」という意味。

薬味のネギもそばつゆに入れます。

Put the chopped green onions into the sauce too.

プットゥ ザ チョップドゥ グリーン アニャンズ イントゥ ザ ソース トゥー

Dip the chopped green onions into the sauce.

＊薬味のネギはつゆに入れたまま取り出さないので"put"を使います。

食べ終わったら、そば湯で割ったそばつゆをお飲みになれます。

After finishing the noodles you can drink the leftover sauce with some hot broth.

アフタァ フィニッシング ザ ヌードゥルス ユー キャン ドゥリンク ザ レフトゥオウヴァ ソース ウィズ サム ホットゥ ブロス

うどん

うどんは小麦粉で作った麺です。

Udon is a noodle made from wheat.

ウドン イズ ア ヌードゥル メイドゥ フラム ウィートゥ

Udon is a noodle made of wheat.

＊"make ... from/of ～"は「～から…を作る」という意味ですが、"from"は材料が加工されて変化する場合、"of"は材料が変化せずにそのまま製品に残る場合に使います。

地域によって味付けや具材も変わります。

Seasonings and ingredients are different depending on the area.

スィーズニングズ アンドゥ イングリーディアンツ アー ディファァラントゥ ディペンディング オン ズィ エリア

いったん取り皿に移し入れて、さましながら食べてください。

Take some udon into a bowl to cool it before eating.

テイク サム ウドン イントゥ ア ボウル トゥ クール イットゥ ビフォー イーティング

汁はこちらのお玉ですくってください。

Use this ladle for the soup.

ユーズ ズィス レイドゥル フォー ザ スープ

すき焼き

当店のお肉はすべて三重県産の和牛です。

We serve Japanese beef from Mie prefecture.

ウィ サーヴ ジャパニーズ ビーフ フラム ミエ プリーフェクチャ

鉄のすき焼き専用鍋で牛肉や野菜を調理します。
Beef and vegetables are cooked in an iron sukiyaki pan.
ビーフ アンドゥ ヴェジタブルズ アー クックトゥ イン アン アイアン スキヤキ パン

鍋に牛脂を溶かして、お肉、野菜を入れていきます。
Render down beef fat in the pan, and then put the beef and vegetables in.
レンダァ ダウン ビーフ ファットゥイン ザ パン アンドゥ ゼン プットゥ ザ ビーフ アンドゥ ヴェジタブルズ イン

わりしたという調味料を加えて焼くように軽く煮ます。
Add the broth called warishita and braise the mixture.
アッドゥ ザ ブロス コールドゥ ワリシタ アンドゥ ブレイズ ザ ミクスチャー

わりしたは、甘めの醤油味です。
Warishita broth is seasoned with soy sauce and sugar.
ワリシタ ブロース イズ スィーズンドゥ ウィズ ソイ ソース アンドゥ シュガァ

この卵は何に使いますか？
What is this egg for?
ワットゥ イズ ディス エッグ フォー

焼いた肉や野菜を付けてください。
Dip the cooked beef and vegetables in it.
ディップ ザ クックトゥ ビーフ アンドゥ ヴェジタブルズ インイットゥ

最後にうどんを入れます。味が染みておいしいですよ。
Put udon at the end. That way the flavor will soak into the noodles.
プットゥ ウドン アットゥ ズィ エンドゥ ザットゥ ウェイ ザ フレイヴァ ウィル ソウク イントゥ ザ ヌードゥルス

お肉か野菜の追加注文はございますか？
Do you need more meat or vegetables?
ドゥ ユー ニードゥ モー ミートゥ オー ヴェジタブルズ

しゃぶしゃぶ用の鍋で薄切りの牛肉を軽く湯通しします。

Dip the sliced beef quickly in the boiling water in the shabu-shabu pot.

ディップ ザ スライストゥ ビーフ クウィックリィ イン ザ ボイリング ウォータァ イン ザ シャブシャブ ポットゥ

牛肉が中心ですが、野菜も同じ鍋で調理します。

It is mainly beef, but the vegetables are cooked in the same pot.

イットゥ イズ メインリィ ビーフ バットゥ ザ ヴェジタブルズ アー クックトゥ イン ザ セイム ポットゥ

だしが沸騰したあとに野菜を最初に入れてください。

After boiling the broth, you put the vegetables in first.

アフタァ ボイリング ザ ブロス ユー プットゥ ザ ヴェジタブルズ イン ファーストゥ

牛肉を1枚取り、だしに入れてこのようにサッと前後に動かしてください。

You pick up a slice of beef, put it into the broth, then swish it back and forth like this.

ユー ピック アップ ア スライス アヴ ビーフ プットゥイットゥイントゥ ザ ブロス ゼン スウィシュイットゥ バック アンドゥ フォース ライク ズィス

＊「前後に」は“back and forth”と言います。

お肉の色が変わったらすぐに食べられます。

As soon as the color of the beef changes, you can eat it.

アズ スーン アズ ザ カラァ アヴ ザ ビーフ チェインジイズ ユー キャン イートゥ イットゥ

火が通ったら、お肉や野菜をタレにつけて食べます。

When cooked, you can enjoy the pieces of meat or vegetables with sauce.

ウェン クックトゥ ユー キャン インジョイ ザ ピースイズ アヴ ミートゥ オー ヴェジタブルズ ウィズ ソース

火を通しすぎると肉が硬くなるので注意してください。

Don’t leave the meat in the boiling water for too long or it will get too tough.

ドウントゥ リーヴ ザ ミートゥ イン ザ ボイリング ウォータァ フォー トゥー ロング オー イットゥ ウィル ゲットゥ トゥー タフ

＊この“leave”は「残す」という意味。

すき焼きとは火の通し方と味が違います。

It differs from sukiyaki in the cooking and flavor.

イットゥ ディファズ フラム スキヤキ イン ザ クッキング アンドゥ フレイヴァ

It different from sukiyaki in the cooking and flavor.

＊"differ"は動詞ですが、"different"は形容詞なので、使うときは"It is"というようにbe動詞が必要です。

ポン酢ダレとごまダレの両方をお出しします。

We serve both a soy sauce with citrus juice called ponzu, and a sesame sauce.

ウィ サーヴ ボウス ア ソイ ソース ウィズ シトラス ジュース コールド ポンズ アンドゥ ア セサミィ ソース

ポン酢はさっぱりとした後味です。

Ponzu provides a refreshing aftertaste.

ポンズ プラヴァイズ ア リフレッシング アフタァテイストゥ

＊"aftertaste"は「後味」という意味。

ごまダレは濃厚な味です。

Sesame sauce has a rich and creamy taste.

セサミィ ソース ハズ ア リッチ アンドゥ クリーミィ テイストゥ

こちらは薬味と呼ばれるもので、大根おろし、わけぎ、唐辛子です。

These are condiments called yakumi. This is grated Japanese radish, green onion, and hot pepper.

ズィーズ アー コンディマンツ コールドゥ ヤクミ ズィス イズ グレイティドゥ ジャパニーズ ラディッシュ グリーン アニャン アンドゥ ホットゥ ペッパァ

豚の薄切り肉をしゃぶしゃぶと同じ要領で食べるものもあります。

We also cook sliced pork shabu-shabu style.

ウィ オゥルソ クック スライストゥ ポーク シャブシャブ スタイル

それは「豚しゃぶ」と言います。

It's called buta-shabu.

イッツ コールドゥ ブタシャブ

Part 3 館内施設&レストラン

日本の料理

鉄板焼き

当店はお肉、とくにステーキを中心にお出ししています。

We serve mainly meat, especially steak.

ウィ　サーヴ　メインリィ　ミートゥ　イスペシャリィ　ステイク

お肉、魚介だけでなく野菜も充実しています。

Our broiled dishes are not only meat or fish but also vegetables.

アワ　ブロイルドゥ　ディッシュイズ　アー　ノットゥ　オウンリィ　ミートゥ　オー　フィッシュ　バットゥ　オールソウ　ヴェジタブルズ

＊“not only ... but also ～”は「…だけでなく～もまた」という表現です。

当店自慢のソースです。

Our sauce is very special.

アワ　ソース　イズ　ヴェリィ　スペシャル

黒毛和牛のサーロインが人気です。

Japanese Black wagyu sirloin steak is popular.

ジャパニーズ　ブラック　ワギュウ　サーロイン　ステイク　イズ　パピュラァ

厳選された国産牛の最高部位だけを使用しています。

We only use the choicest cuts of Japanese beef.

ウィ　オウンリィ　ユーズ　ザ　チョイスィストゥ　カッツ　アヴ　ジャパニーズ　ビーフ

新鮮な魚介類を焼いた海鮮焼きが人気です。

Broiled fresh seafood is popular.

ブロイルドゥ　フレッシュ　スィーフードゥ　イズ　パピュラァ

甘くて香ばしい、伊勢エビの姿焼きはいかがですか？

Would you like whole roasted spiny lobster? It's sweet and fragrant.

ウッジュー　ライク　ホウル　ロウスティッドゥ　スパイニー　ロブスタァ　イッツ　スウィートゥ　アンドゥ　フレグラントゥ

お好み焼き

たねは出汁で溶いた小麦粉に千切りのキャベツを入れたものです。

The batter is made of flour, soup stock, and shredded cabbage.

ザ　バタァ　イズ　メイドゥ　アヴ　フラウア　スープ　ストック　アンドゥ　シュレディッドゥ　キャビッジ

具材を加えて混ぜたたねを鉄板で焼きます。

Cook the mixed batter ingredients on the hot griddle.

クック ザ ミクストゥ バタァ イングリーディアンツ オン ザ ホットゥ グリドゥル

好きな具材を加えることができます。

You can add ingredients as you like.

ユー キャン アッドゥ イングリーディアンツ アズ ユー ライク

＊"as you like"は「お好きなように」という表現です。

調理したものをお出しします。

We serve the cooked dishes.

ウィ サーヴ ザ クックトゥ ディッシュイズ

お客様に焼いていただきます。

Please cook it yourself.

プリーズ クック イットゥ ヤァセルフ

Please cook it by you.

＊相手に対して「自分自身(で)」と言うときには、"yourself"を使います。

どうやって焼くのですか？

How is it cooked?

ハウ イズイットゥ クックトゥ

まず油を温めます。

Heat oil on the griddle, first.

ヒートゥ オイル オン ザ グリドゥル ファーストゥ

器の中の具をかき混ぜて,鉄板の上にのせてください。

Mix the batter and ingredients in the bowl and put them onto the griddle.

ミクス ザ バター アンドゥ イングリーディアンツ イン ザ ボウル アンドゥ プットゥ ザム オントゥ ザ グリドゥル

焼けたら、ヘラを使ってひっくり返してください。

When it is cooked, turn it over with the spatula.

ウェン イットゥイズ クックトゥ ターン イットゥ オウヴァ ウィズ ザ スパチュラ

お好み焼きの表面にソースを塗ってください。

Spread sauce around the top of the okonomiyaki.

スプレッドゥ ソース アラウンドゥ ザ トップ アヴ ザ オコノミヤキ

お好みで青のりやかつおぶし、マヨネーズをかけてください。

Add on powdered seaweed, dried bonito, and mayonnaise to your preference.

アドゥ オン パウダァドゥ スィーウィードゥ ドゥライドゥ バニートゥ アンドゥ メィアネイズ トゥ ユア プリファレンス

焼肉

肉や野菜を網にそのまま置いてください。

Place the meat and vegetables on the grill.

プレイス ザ ミートゥ アンドゥ ヴェジタブルズ オン ザ グリル

火力はこちらで調整できます。

You can control the heating power here.

ユー キャン カントゥロウル ザ ヒーティング パウア ヒア

焼き上がったらこちらのタレをつけてお召し上がりください。

Eat the meat with this sauce when it's cooked.

イートゥ ザ ミートゥ ウィズ ズィス ソース ウェン イッツ クックトゥ

塩味の焼肉はさっぱりとしたレモン汁でお召し上がりください。

Try seasoning the meat with salt and lemon juice for a refreshing taste.

トゥライ シーズニング ザ ミートゥ ウィズ ソルトゥ アンドゥ レマン ジュース フォー ア リフレッシング テイストゥ

こちらはコチュジャン(辛い味噌)です。

This is spicy miso.

ズィス イズ スパイシー ミソ

サンチュは、焼肉をくるんで食べるための葉物野菜です。

Sanchu is a type of lettuce for wrapping meat.

サンチュ イズ ア タイプ アヴ レタス フォー ラッピング ミートゥ

よろしければ焼きましょうか？

May I grill the meat for you?

メイ　アイ　グリル　ザ　ミートゥ　フォー　ユー

新しい網に交換いたします。

Let me replace the grill with a new one.

レットゥ ミー　リプレイス　ザ　グリル　ウィズ　ア　ニュー　ワン

Let me exchange the grill for a new one.

＊壊れたものや失われたものの場所に新しいものを置き換えるときは“replace”を使います。

ラーメン

日本の各地にその地域独自のラーメンがあります。

There are different local specialties for ramen in cities across Japan.

ゼア　ラー　ディファラントゥ　ローカル　スペシャリティズ　フォー　ラーメン　イン　スィティズ　アクロス　ジャパン

元は中国の麺料理が原型です。

It's based on noodle dishes from China.

イッツ　ベイスド　オン　ヌードゥル　ディッシュィズ　フラム　チャイナ

＊“based on …”は「…に基づいて」という意味です。

ラーメンにはさまざまなトッピングがあります。

There are lots of toppings for ramen.

ゼア　ラー　ロッツ　アヴ　トッピングス　フォー　ラーメン

何味になさいますか？

Which flavor would you like?

ウィッチ　フレイヴァ　ウッジュー　ライク

＊「…味」は“flavor”と言います。

醤油、塩、味噌から味を選んでください。

Please select your preference of soup stock flavor, soy sauce-, salt-, or miso-flavored ramen.

プリーズ　セレクトゥ　ユア　プリファレンス　オブ　スープ　ストック　フレイヴァ　ソイ　ソース　ソールトゥ　オー　ミソフレイヴァドゥ　ラーメン

おろしニンニクを混ぜてもおいしいですよ。

Add some grated garlic would be nice too.

アドゥ　サム　グレイティドゥ　ガーリック　ウッドゥ　ビー　ナイス　トゥー

お好みでコショウを加えてください。

You can season it with pepper.

ユー キャン スィーズン イットゥ ウィズ ペッパァ

＊"season A with B"は「BでAを味つけする」という意味。

つけ麺は、麺とスープを別々にお出しします。

For tsukemen, the noodles and soup are served separately.

フォー ツケメン ザ ヌードゥルス アンドゥ スープ アー サーヴドゥ セパリットゥリィ

麺をスープにつけて食べてください。

Dip the noodles in the soup before eating.

ディップ ザ ヌードゥルス イン ザ スープ ビフォー イーティング

スープは豚骨です。

The soup is made from pork broth.

ザ スープ イズ メイドゥ フラム ポーク ブロス

麺が伸びないうちにお召し上がりください。

Don't wait too long before eating your noodles. They get soggy.

ドウントゥ ウェイトゥ トゥー ロング ビフォー イーティング ユア ヌードゥルス ゼイ ゲットゥ ソギィ

＊"soggy"は「ふやける」という意味でパスタにも使われます。

甘味

温かいおしるこはいかがですか？

How about hot shiruko?

ハウ アバウトゥ ホットゥ シルコ

おしるこは砂糖で煮た小豆の中に餅が入ったものです。

Shiruko is a sweet red bean soup with a rice cake in it.

シルコ イズ ア スウィートゥ レッドゥ ビーン スープ ウィザ ライス ケイク インニットゥ

みつ豆には茹でた豆と寒天、フルーツなどが入っています。

Mitsumame contains boiled beans, agar cubes, and fruits.

ミツマメ カンテインズ ボイルド ビーンズ アガァ キューブズ アンドゥ フルーツ

＊寒天は海藻の一種です。海藻は"seaweed"と言います。

抹茶を使ったデザートもたくさんございます。

We have a variety of matcha green tea desserts.

ウィ　ハヴァ　ヴァライアティ　アヴ　マッチャ　グリーン　ティー　ディザーツ

＊"green tea"は「緑茶」「抹茶」という意味。"matcha"を付けると緑茶ではなく抹茶だとわかりやすくなります。

かき氷は夏限定です。

We serve shaved ice only during summer.

ウィ　サーヴ　シェイヴドゥ　アイスオウンリィ　ドゥリング　サマァ

We serve shaved ice limited during summer.

＊「夏の間かき氷は数量限定」だという意味になるので注意しましょう。

ところてんとは麺状の寒天です。

Tokoroten is agar noodles.

トコロテン　イズ　アガァ　ヌードゥルズ

冷やしたところてんに、酢醤油をかけて食べます。

Chilled tokoroten is seasoned with vinegared soy sauce before eating.

チルドゥ　トコロテン　イズ　スィーズンドゥ　ウィズ
ヴィニガァドゥ　ソイ　ソース　ビフォー　イーティング

和菓子は見た目にも美しい、季節感を表したお菓子です。

Japanese-style sweets are beautiful sweets expressing a sense of the season.

ジャパニーズ　スタイル　スウィーツ　アー　ビューティフル　スウィーツ
イクスプレッシング　ア　センス　アヴ　ザ　スィーズン

バターは使っておりません。

They contain no butter.

ゼイ　カンテイン　ノウ　バタァ

抹茶は和菓子とよく合います。

Matcha green tea goes well with Japanese-style sweets.

マッチャ　グリーン　ティー　ゴウズ　ウェル　ウィズ
ジャパニーズ　スタイル　スウィーツ

こちらのお茶漬けはサービスです。

This is a complimentary snack.

ズィス　イズ　ア　カンプリメンタリ　スナック

関連単語集

COLUMN

シャリ
☐ **rice with vinegar**
ライス ウィズ ヴィニガァ

海苔
☐ **nori seaweed**
ノリ スィーウィードゥ

マグロ
☐ **tuna**
テューナ

赤身
☐ **red tuna**
レッドゥテューナ

中トロ
☐ **fatty tuna**
ファッティ テューナ

大トロ
☐ **very fatty tuna**
ヴェリィファッティテューナ

タイ
☐ **sea bream**
スィー ブリーム

ウニ
☐ **sea urchin**
スィー アーチィン

ホタテ
☐ **scallop**
スカラップ

アナゴ
☐ **conger eel**
コンガー イール

タコ
☐ **octopus**
オクタパス

シシトウ
☐ **small sweet pepper**
スモール スウィートゥ ペッパァ

オクラ
☐ **okra**
オクラ

大葉
☐ **green perilla**
グリーン ペリラ

ナス(米)
☐ **eggplant**
エッグプラントゥ

ナス(英)
☐ **aubergine**
アウバージーン

サツマイモ
☐ **sweet potato**
スウィートゥ パテイトウ

レンコン
☐ **lotus root**
ロウタス ルートゥ

ぎんなん
☐ **ginkgo nut**
ギンコゥ ナットゥ

ちくわ
☐ **tube-shaped fish cake**
テューブ シェイプドゥ フィッシュ ケイク

キャベツ
☐ **cabbage**
キャビッジ

山菜
☐ **wild vegetables**
ワイルドゥ ヴェジタブルズ

とろろ芋
☐ **grated yam**
グレイティド ヤム

しらたき
☐ **konjac noodles**
コンジャック ヌードゥルズ

焼き豆腐
☐ **grilled tofu**
グリルド トウフ

白菜
☐ **Chinese cabbage**
チャイニーズ キャビッジ

水菜
☐ **potherb mustard greens**
ポットハーブ マスタアドゥ グリーンズ

モヤシ
☐ **bean sprouts**
ビーン スプラウツ

バー

注文をとる

何をお作りしましょうか？

What can I get for you?

ワットゥ キャナイ ゲットゥ フォー ユー

氷はお入れしますか？

Would you like ice with it?

ウッジュー ライク アイス ウィズ イットゥ

シングルですか？ ダブルですか？

Single shot or double?

シングル ショットゥ オー ダブル

＊ダブルの場合は“shot”を複数形にします。

飲みやすい物がよろしいですか？

Would you like something easy to drink?

ウッジュー ライク サムスィング イーズィ トゥ ドゥリンク

お好みのウイスキーはございますか？

Do you have any preference on the whiskey?

ドゥ ユー ハヴ エニ プレファランス オン ザ ウィスキィ

パイント、グラスのどちらでお飲みになりますか？

Would you like a pint or a glass?

ウッジュー ライク ア パイントゥ オー ア グラス

ビールのボトルと一緒にグラスもご利用になりますか？

Would you like a glass with your bottle of beer?

ウッジュー ライク ア グラス ウィズ ユア ボトゥル アヴ ビア

せっかくいらしたのですから、日本のワインはいかがですか？

Since you came all the way here, why not try some Japanese wine?

スィンス ユー ケイム オール ザ ウェイ ヒア ホワイ ナットゥトゥライ サム ジャパニーズ ワイン

ご一緒に何か食べるものはいかがですか？

Would you like anything to eat?

ウッジュー　ライク　エニィスィング　トゥ イートゥ

もう1杯いかがですか？

Can I get you another drink?

キャナイ　ゲットゥ　ユー　ァナザァ　ドゥリンク

Would you like more?

＊同じ物のおかわりが欲しいかどうか聞く表現になってしまいます。

酒の説明

当店オリジナルのカクテルはいかがですか？

How about our original cocktails?

ハウ　アバウトゥ　アワ　ァリジナル　カックテイルズ

これはどんなカクテルですか？

What kind of cocktail is this?

ワット　カインドゥオヴ　カックテイル　イズ　ディス

こちらは日本酒ベースのカクテルです。

This is a sake-based cocktail.

ズィス　イズ　ア　サケベイスドゥ　カックテイル

こちらのカクテルは、アルコール度数が高いです。

This cocktail has a high alcohol content.

ディス　カックテイル　ハズ　ア　ハイ　アルコホール　コンテントゥ

ノンアルコールカクテルのサマークーラーはいかがでしょうか？

Would you like a non-alcohol cocktail called summer cooler?

ウッジュー　ライク　ア　ノンアルコホール　カックテイル　コールドゥ　サマークーラー

アジアの珍しいビールをご用意しております。

We have a selection of unique beers from Asia.

ウィ　ハヴ　ア　セレクシュンノブ　ユニーク　ビアズ　フラム　エイジャ

＊「地ビール」は“craft beer”と言います。

日本ではウイスキーのソーダ割りが人気です。

Whiskey and soda is popular in Japan.

ウィスキー　アンドゥ　ソウダ　イズ　ポピュラー　イン　ジャパン

カフェ

迎え入れる

何名様ですか？
How many person?
ハウ　メニ　パースン

お席はご自由にお選びください。
Please choose your own seat.
プリーズ　チューズ　ユア　オウン　スィートゥ

テラス席は喫煙OKです。
You can smoke on the terrace.
ユー　キャン　スモウク　オン　ザ　テラス

注文をとる

コーヒーを1つお願いします。
One coffee, please.
ワン　コーフィ　プリーズ

ホットでよろしいですね？
One hot coffee, right?
ワン　ホットゥ　コーフィ　ライトゥ

サイズはいかがなさいますか？
What size would you like?
ワットゥ　サイズ　ウッジュー　ライク

Lサイズでお願いします。
Large, please.
ラージ　プリーズ

メロンソーダはいかがですか？
How about melon-flavored soda?
ハウ　アバウトゥ　メロン　フレイヴァードゥ　ソウダ

How about melon soda?
＊「メロンソーダ」は和製英語で、メロン果汁入りの飲み物だと思われてしまうかもしれません。

バニラアイスをのせたソーダもございます。
We also have soda with vanilla ice cream on.
ウィ　オールソウ　ハヴ　ソウダ　ウィズ　ヴァニラ　アイス　クリーム　オン

カフェイン抜きのコーヒーは当店にはございません。

We don't serve decaf coffee.

ウィ　ドウントゥ　サーヴ　ディーカフ　コーフィ

＊"decaf"は「カフェイン抜きの」という意味です。

コーヒー・紅茶の説明

当店で自家焙煎をしています。

We do our own roasting here.

ウィ　ドゥ　アワ　オウン　ロウスティング　ヒア

こちらはブラジル産の豆です。

These beans are from Brazil.

ズィーズ　ビーンズ　アー　フラム　ブラズィル

こちらは酸味と苦味のバランスが絶妙です。

They have a good balance between acidity and bitterness.

ゼイ　ハヴ　ア　グッドゥ　バランス　ビトゥウィーン　アシダティ　アンドゥ　ビタァネス

紅茶はポットでお出ししております。

We serve tea by the pot.

ウィ　サーヴ　ティー　バイ　ザ　ポットゥ

1分ほどお待ちいただいてから、カップに注いでください。

Wait one minute before pouring the tea into the cup.

ウェイトゥ　ワン　ミニットゥ　ビフォー　ポーリング　ザ　ティー　イントゥ　ザ　カップ

レモンティーとミルクティーがございます。

We serve lemon tea and milk tea.

ウィ　サーヴ　レマン　ティー　アンドゥ　ミルク　ティー

砂糖、ミルクは使う分だけ、そちらからお取りください。

Please take sugar and milk from over there.

プリーズ　テイク　シュガァ　アンドゥ　ミルク　フラム　オーバー　ゼア

軽食の説明

日本ならではの軽食メニューがあります。

We serve Japanese-style light meals.

ウィ　サーヴ　ジャパニーズ　スタイル　ライトゥ　ミールズ

こちらは厚切りパンを使ったピザ風のトーストです。

This is a thick piece of toast topped with pizza sauce and toppings.

ズィス イズ ア スィック ピース アヴ トウストゥ トップトゥ ウィズ ピーツァ ソース エン トッピングス

モーニングは午前11時までご注文いただけます。

You can order breakfast sets until 11:00 a.m.

ユー キャン オーダァ ブレックファストゥ セッツ アンティル イレヴン エイエム

何が入っていますか？

What's in it?

ワッツ インイットゥ

お飲物にトーストとゆで卵が付きます。

The breakfast set includes a drink, toast, and a boiled egg.

ザ ブレックファストゥ セットゥ インクルーズ ア ドゥリンク トウストゥ アンドゥ ア ボイルド エッグ

＊「ゆで卵」は“boiled egg”と言います。

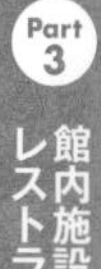

カフェ

軽食に150円プラスで、コーヒーか紅茶が付きます。

When you order food, you can have a coffee or tea for just 150 yen extra.

ウェン ユー オーダァ フードゥ ユー キャン ハヴァ コーフィ オー ティー フォー ジャストゥ ワンハンドゥリッドゥフィフティ イェン エクストゥラ

＊“extra”は「割増の」という意味で使います。

ケーキとドリンクのセットもございます。

We also serve a cake set which comes with a drink.

ウィ オールソウ サーヴ ア ケイク セットゥ ウィッチ カムズ ウィズ ア ドゥリンク

お席までお持ちいたします。

We'll bring your order to your seat.

ウィール ブリング ユァ オーダー トゥ ユァ スィートゥ

あちらにある本や雑誌をお読みいただけます。

You can read those magazines and books.

ユーキャン リードゥ ドウズ マガズィーンズ アンドゥ ブックス

エステ・マッサージ

本日は何の施術をご希望ですか？
What treatment would you like today?
ワットゥ　トゥリートゥマントゥ　ウッジュー　ライク　トゥデイ

ボディとフェイシャルの施術がございます。
We offer body and facial treatments.
ウィ　オーファ　ボディ　アンドゥ　フェイシャル　トゥリートゥマンツ

何分間の施術になさいますか？
How many minutes of treatment would you like?
ハウ　メニィ　ミニッツ　オヴ　トゥリートゥマントゥ　ウッジュー　ライク

どのコースがおすすめですか？
Which course do you recommend?
ウィッチ　コース　ドゥー　ユー　リコメンドゥ

120分のフルボディコースがおすすめです。
We recommend a 120 - minute body course.
ウィ　リコメンドゥ　ア　ワンハンドレッドトゥウェンティ　ミニットゥ　バディ　コース

お疲れでしたら、アロマトリートメントはいかがでしょうか？
How about aromatherapy if you feel fatigued?
ハウアバウトゥ　アロマセラピィ　イフ　ユー　フィール　ファティーグドゥ

＊「リフレクソロジー」は“reflexology”、「泥パック」は“mud pack”、「足浴」は“foot spa”と言います。

そのサービスは、別料金ですか？
Is that service extra?
イズ　ザットゥ　サービス　エクストラ

こちらのサービスは無料でございます。
This is a free service.
ディスィズ　ア　フリー　サービス

お肌のトラブルは何かございますか？

Do you have any trouble with your skin?

ドゥー ユー ハヴ エニ トゥラブル ウィズ ユア スキン

＊「敏感肌」は“sensitive skin”、「脂性肌」は“oily skin”「乾燥肌」は“dry skin”と言います。

お酒を飲まれていますか？

Did you drink alcohol in the last few hours or so?

ディッジュー ドゥリンク アルコホール イン ザ ラスト フュー アワーズ オア ソー

あちらの更衣室でこのガウンに着替えてください。

Please change into this bathrobe in the changing room over there.

プリーズ チェインジ イントゥ ズィス バスロウブ イン ザ チェインジング ルーム オウヴァ ゼア

施術

本日施術を担当させていただく向井です。

My name is Mukai.

マイ ネイム イズ ムカイ

I'll give you your treatment today.

アイル ギヴ ユー ユア トゥリートゥマントゥ トゥデイ

ベッドに横になってください。

Please lie down on the bed.

プリーズ ライ ダウン オン ザ ベッドゥ

目を閉じてください。

Close your eyes, please.

クロウズ ユア アイズ プリーズ

うつ伏せになってください。

Lie on your stomach, please.

ライ オン ユア スタマック プリーズ

＊「仰向けに」は“on your back”と言います。

お客様のお体にタオルをかけます。

I'll cover you with this towel.

アイル カヴァ ユー ウィズ ディス タウアル

体のどの部分がいちばんこっていますか？

Where is the stiffest part in your body?

ウエアリズ　ザ　スティフェストゥ　パートゥ　イン　ユア　バディ

肩がこっています。

My neck feels stiff.

マイ　ネック　フィールズ　スティッフ

力加減はよろしいでしょうか？

Is the pressure comfortable for you?

イズ　ザ　プレッシャ　カムファタブル　フォー　ユー

もう少し強いほうがよろしいでしょうか？

Would you prefer stronger pressure?

ウッジュー　プリファー　ストロンガー　プレッシャ

＊「(より)弱い」は“lighter”もしくは“weaker”と言います。

ちょうどよい強さです。

It feels just right.

イットゥ　フィールズ　ジャストゥ　ライトゥ

体がほぐれてきましたね。

I feel the tension leaving your body.

アイフィール　ザ　テンション　リーヴィング　ユア　バディ

施術の終了

終了です。よくなりましたでしょうか？

It's finished. Do you feel better now?

イットゥ　フィニッシュトゥ　ドゥー　ユー　フィール　ベター　ナウ

シャワールームはこちらです。

The shower room is right here.

ザ　シャウア　ルーム　イズ　ライトゥ　ヒア

着替えを終えられたらロビーへお越しください。

Once you change your clothes,

ワンス　ユー　チェインジ　ユア　クロウズ

please come to the lobby.

プリーズ　カム　トゥ　ザ　ロビィ

温かいハーブティーをどうぞ。

Would you like a cup of hot herbal tea?

ウッジュー　ライク　ア　カップ　アヴ　ホットゥ　ハーバル　ティー

ジム・プール

ジムを有料でご利用いただけます。
You can use our fitness gym for an additional charge.
ユー キャン ユーズ アワ フィットナス ジム フォー アン アディショナル チャージ

シューズの貸し出しはしていますか？
Do you rent shoes?
ドゥー ユー レント シューズ

申し訳ございませんが、シューズの貸し出しはしておりません。
I'm afraid we don't have shoes for rent.
アイム アフレイドゥ ウィ ドウントゥ ハヴ シューズ フォー レントゥ

シューズの貸し出しは無料です。
Shoes are available free of charge.
シューズ アー アヴェイラブル フリー アヴ チャージ

ロッカーの鍵をどうぞ。腕につけてお入りください。
Here is the locker key.
ヒア イズ ザ ロカァ キー
Please wear the wristband during your stay.
プリーズ ウェア ザ リストゥバンドゥ ドゥリング ユア ステイ

ジムに屋内温水プールが併設されています。
There is a heated indoor pool in the gym.
ゼア イズ ア ヒーティッドゥ インドー プール イン ザ ジム

プールは朝9時から夜8時までお使いいただけます。
You can use our pool from 9:00 a.m. to 8:00 p.m.
ユー キャン ユーズ アワ プール フラム ナイン エイエム トゥ エイトゥ ピーエム

朝8時から無料のヨガクラスがあります。
We have a free yoga class at 8:00 a.m.
ウィ ハヴァ フリー ヨガ クラス アットゥ エイトゥ エイエム

ベビールーム

受付

お子様のお名前をお伺いしてもよろしいですか？

May I have the name of the child?

メイ アイ ハヴ ザ ネイム アヴ ザ チャイルドゥ

ニナ様、2歳ですね。

Miss Nina, 2 years old. Is that correct?

ミス ニナ トゥー イアズ オウルドゥ イズ ザットゥ カレクトゥ

ご持参いただいたおやつとオムツをお渡しいただけますか？

May I have the snacks and diapers, please?

メイ アイ ハヴ ザ スナックス アンドゥ ダイパーズ プリーズ

＊「オムツ」は"diaper（米）"、もしくは"nappy（英）"と言います。

何時ごろのお迎えでいらっしゃいますか。

About what time will you come back?

アバウトゥ ワッタイム ウィル ユー カム バック

説明

資格を持つ専門スタッフがおります。

Our staff are trained and qualified.

アワ スタッフ アー トレインドゥ アンドゥ クワリファイドゥ

授乳室はベビールームのすぐ隣にございます。

The nursery room is just next to the baby room.

ザ ナーサリィ ルーム イズ ジャストゥ ネクストゥ トゥ ザ ベイビィ ルーム

料金

2時間までのお預かりは3,000円でございます。

It is 3,000 yen for two hours.

イットゥイズ スリーサウザンドゥ イエン フォー トゥー アワーズ

延長30分ごとに500円いただきます。

The charge is 500 yen for a 30-minute extension.

ザ チャージ イズ ファイヴハンドゥリッドゥ イエン フォー ア サーティ ミニットゥ イクステンシュン

Part3 関連単語集

COLUMN

お手頃なもの
- □ **modestly priced one**
  モディストリィ プライスド ワン

高級感のあるもの
- □ **high quality one**
  ハイ クワリティ ワン

プレゼント用
- □ **gift-wrapping**
  ギフトゥラッピング

自分用
- □ **personal use**
  パースナル ユーズ

使い捨て
- □ **disposable**
  ディスポウザブル

手提げ袋
- □ **shopping bag**
  ショッピング バッグ

取り皿
- □ **small plate**
  スモール プレイトゥ

灰皿
- □ **ashtray**
  アッシュトゥレイ

焼き魚
- □ **grilled fish**
  グリルド フィッシュ

煮魚
- □ **simmered fish**
  スィマードゥ フィッシュ

焼きとり
- □ **grilled chicken on a skewer**
  グリルド チキン オン ア スキューアー

前菜
- □ **appetizer**
  アピタイザァ

メイン
- □ **main dish**
  メイン ディッシュ

揚げ物
- □ **fried dishes**
  フライド ディッシュィズ

煮込み料理
- □ **stew**
  ステュー

つけ合わせ
- □ **trimmings / side dishes**
  トゥリミングス サイド ディッシィズ

エビフライ
- □ **deep-fried prawn**
  ディープフライドゥ プローン

フライドポテト
- □ **French fries**
  フレンチ フライズ

メンチカツ
- □ **fried cutlet of minced meat**
  フライドゥ カットゥリットゥ アヴ ミンスト ミート

ロース
- □ **loin**
  ロイン

カルビ
- □ **rib**
  リブ

ハラミ
- □ **outside skirt**
  アウトゥサイドゥ スカートゥ

タン
- □ **tongue**
  タング

ハツ
- □ **heart**
  ハートゥ

レバー
- □ **liver**
  リヴァ

モモ
- □ **thigh**
  サイ

鶏ガラスープ
- □ **chicken broth**
  チキン ブロス

煮干し
- □ **dried sardines**
  ドゥライド サーディーンズ

COLUMN

細麺
- [ ] thin noodles
スィン　ヌードゥルズ

太麺
- [ ] thick noodles
スィック　ヌードゥルズ

縮れ麺
- [ ] wavy noodles
ウェイヴィ ヌードゥルズ

生ビール
- [ ] draft beer
ドゥラフトゥ　ビア

焼酎
- [ ] distilled spirit
ディスティルド スピリットゥ

麦
- [ ] wheat
ウィートゥ

芋
- [ ] sweet potato
スウィートゥ　パテイトウ

梅酒
- [ ] plum liqueur
プラム　リキュール

だし巻き卵
- [ ] rolled omelet
ロールドゥ　オムリットゥ

もろきゅう
- [ ] cucumber with miso paste
キューカンバァ　ウィズ　ミソ　ペイストゥ

鶏のから揚げ
- [ ] fried chicken
フライドゥ　チキン

お茶漬け
- [ ] steamed rice in a tea broth
スティームド　ライス イン　ア　ティー　ブロス

(アルコール度数が) 低い
- [ ] light
ライトゥ

(アルコール度数が) 高い
- [ ] hard
ハードゥ

香り高い
- [ ] aroma
アロウマ

成熟した
- [ ] aged
エイジドゥ

…年物
- [ ] aged ... years
エイジドゥ　イアズ

ココア
- [ ] hot chocolate
ホットゥ　チャカリットゥ

レモンスカッシュ
- [ ] lemon soda
レマン　ソウダ

粉チーズ
- [ ] powdered cheese
パウダァド　チーズ

イチゴショートケーキ
- [ ] strawberry sponge cake
ストゥローベリィ　スパンジ　ケイク

モンブラン
- [ ] cake with chestnut paste
ケイク　ウィズ　チェスナットゥ ペイストゥ

ホットケーキ
- [ ] pancakes
パンケイクス

パフェ
- [ ] parfait
パーフェィ

生クリーム
- [ ] whipped cream
ホイップトゥ　クリーム

合計金額
- [ ] total amount
トウトゥル アマウントゥ

消費税
- [ ] consumption tax
カンサンプシュン　タクス

サービス料
- [ ] service charge
サーヴィス　チャージ

Part4
クレーム＆トラブル対応

まずはお客様に謝罪をし、
どのように対応をするかを
きちんと伝えることが重要です。
冷静な対応を心がけましょう。

トラブル・クレーム対応で使うフレーズ&単語

806

noisy
騒がしい

P.203

It's midnight. Could you be a little quieter, please?
深夜でございます。もう少しお静かに願えませんでしょうか？

P.221

We'll take you to an evacuation area.
避難場所へ誘導いたします。

非常口
EXIT

310

emergency exit
非常口

Oh my god!!
大変だ！

確認・謝罪

DL 4_01

トラブル・クレームの受け答え

少々お待ちいただけますでしょうか。
Could you wait a minute?
クッジュー ウェイトゥ ア ミニットゥ

ただいまお調べいたします。
I will check it immediately.
アイ ウィル チェック イットゥ イミーディアットゥリィ

すみません、お客さま。もう一度言っていただけますか？
Excuse me, sir.
イクスキューズ ミー サァ
Could you say that again, please?
クッジュー セイ ザットゥ アゲン プリーズ

What did you say?
＊「いったい何を言っているのですか？」という表現になるので、注意しましょう。

もう少しゆっくり話していただけますでしょうか？
Could you tell me more slowly?
クッジュー テル ミー モー スロウリィ

何があったかお聞かせください。
Please tell me what happened.
プリーズ テル ミー ワットゥ ハパンドゥ

クレームに対する謝罪・応対

大変申し訳ありませんでした。
I am terribly sorry.
アイアム テリブリィ ソーリィ

ご迷惑をおかけして申し訳ございません。
I am sorry to have troubled you.
アイアム ソーリィ トゥ ハヴ トゥラボードゥ ユー

ご不便をおかけして申し訳ございません。
I am sorry for the inconvenience.
アイアム ソーリィ フォー ズィ インカンヴィニエンス

間違いまして申し訳ございません。

I am sorry for the mistake.

アイアム　ソーリィ　フォー　ザ　ミステイク

恐れ入りますが、あいにく代わりがご用意できません。

I am afraid that it cannot be replaced.

アイアム　アフレイドゥ　ザットゥ イットゥ キャナットゥ　ビー　リプレイスド

そのお話を伺って、大変残念に思います。

I am very sorry to hear that.

アイアム　ヴェリィ　ソーリィ　トゥ　ヒア　ザットゥ

＊"that"は"that happened"と言ってもOKです。

お客様のご不満に対して、誠に申し訳なく思います。

We apologize for what you have experienced.

ウィ　アパラジャイズ　フォー　ワットゥ　ユー　ハヴ　イクスピリアンスド

ご指摘ありがとうございました。

Thank you for your comments.

サンキュー　フォー　ユア　カメンツ

ただちにスタッフがそちらへ伺います。

A staff member will be there shortly.

ア　スタッフ　メンバァ　ウィル　ビー　ゼア　ショートゥリィ

そちらと交換させていただきます。

We will replace it immediately.

ウィ　ウィル　リプレイス　イットゥ イミーディアットゥリィ

今後このようなことが起きないよう、本人と責任者に伝えます。

I will talk to him and the manager and

アイウィル　トーク　トゥ　ヒム　アンドゥ　ザ　マニジャ　アンドゥ

make sure this will never happen again.

メイク　シュア　ズィス　ウィル　ネヴァ　ハパン　アゲン

＊「責任者」は"manager"と言います。本人が女性の場合は"him"を"her"に置き換えます。

責任者が謝罪に伺います。

The manager will come and apologize

ザ　マニジャ　ウィル　カム　アンドゥ　アパラジャイズ

to you in person.

トゥ　ユー　イン　パースン

宿泊予約

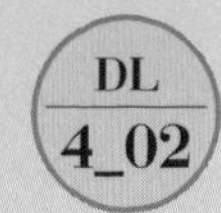

予約がとれていない

申し訳ありませんが、お名前が見つかりません。

I am sorry, but we have no reservation
アイアム ソーリィ バットゥ ウィ ハヴ ノウ レザァヴェイシュン
under your name.
アンダァ ユア ネイム

近くのホテルのお部屋をご用意することができます。

We could arrange a room
ウィ クッドゥ アレインジ ア ルーム
in another hotel nearby.
イン アナザァ ホテル ニアバイ

午後10時になってもお見えにならなかったので、キャンセルいたしました。

We have cancelled your reservation
ウィ ハヴ キャンサルドゥ ユア レザァヴェイシュン
since you did not arrive before 10:00
スィンス ユー ディッドゥノットゥ アライヴ ビフォー テン
p.m.
ピーエム

低料金のシングルルームのご用意となりますが、よろしいでしょうか？

Would you mind having a single room
ウッジュー マインドゥ ハヴィング ア シングル ルーム
at a lower rate?
アットゥ ア ロウア レイトゥ

移動費や連絡のための通信費は負担してもらえますか？

Could you cover the moving and
クッジュー カヴァ ザ ムーヴィング アンドゥ
communication expenses?
カミューニケイシュン イクスペンスィズ

はい、もちろんです。レシートをお持ちいただければすべてこちらで負担します。

Yes, of course.
イエス アフコース
We will fully reimburse you upon
ウィ ウィル フリィ リーインバース ユー アポン
submission of the original receipts.
サブミシャン アヴ ザ アリジナル リスィーツ

設備・環境

設備の不具合

部屋が寒すぎて眠れません。
The room's too cold to sleep in.
ザ　ルームズ　トゥーコウルドゥトゥ　スリープ　イン

大変申し訳ございません。ただいまスタッフがお伺いいたします。
I'm very sorry.
アイム　ヴェリィ　ソーリィ
I'll send someone immediately.
アイル　センドゥ　サムワン　イミーディアットゥリィ

毛布をお持ちいたします。
I will deliver blankets.
アイウィル　ディリヴァ　ブランキッツ

I will carry blankets.
＊"carry"は「運ぶ」「持ち歩く」という意味ですが、相手のもとへ運ぶときは「届ける」という意味の"deliver"を使います。

すぐにお部屋の空調を調節いたします。
I will adjust the room temperature immediately.
アイ ウィル アジャストゥ　ザ　ルーム　テンパラチャ　イミーディアットゥリィ
＊「即座に、ただちに」というときは"immediately"を使います。

30分経ちましても温度が変わりませんでしたら、
エンジニアがまいります。
If there is no change in 30 minutes,
イフ　ゼア　イズ　ノウ　チェインジ　インサーティ　ミニッツ
a technician will come and check it.
ア　テクニシャン　ウィル　カム　アンドゥ　チェック　イットゥ

恐れ入りますが、温度はこれ以上上げることはできません。
I'm afraid the temperature will not rise
アイム　アフレイドゥ　ザ　テンパラチャ　ウィル　ノットゥ　ライズ
higher than this.
ハイアー　ザン　ズィス
＊「より低く」は"lower"と言います。

窓をお開けいたしますが、十分お気をつけください。

We will open the windows but please take care.
ウィ ウィル オウパン ザ ウィンドウズ バットゥ プリーズ テイク ケア

外出の際に、窓をお閉めいただけますでしょうか。

Could you make sure that the windows are shut when you go out, please?
クッジュー メイク シュア ザットゥ ザ ウィンドウズ アー シャットゥ ウェン ユー ゴウ アウトゥ プリーズ

申し訳ございませんが、安全のため窓は密閉されております。

I'm afraid the windows are sealed for safety reasons.
アイム アフレイドゥ ザ ウィンドウズ アー スィールドゥ フォー セイフティ リーズンズ

代わりの器具をただいまお持ちいたします。

We will bring a replacement immediately.
ウィ ウィル ブリンガ リプレイスマントゥ イミーディアットゥリィ

ヒューズをお取り替えいたします。

I've brought the spare fuse.
アイヴ ブロートゥ ザ スペア フューズ

I've brought the spare circuit breaker.

＊"circuit breaker"（サキュートゥ ブレイカー）は技術用語なので、ゲストには伝わりにくいかもしれません。

電気スタンドをお持ちいたします。

We will deliver a desk light.
ウィ ウィル ディリヴァ ア デスク ライトゥ

Wi-Fiがつながらないのですが。

I can't get the Wi-Fi to work.
アイ キャントゥ ゲットゥ ザ ワイファイ トゥ ワーク

Wi-Fiのパスワードは試されましたか？

Did you try the Wi-Fi password?
ディッジュー トゥライ ザ ワイファイ パスワードゥ

技術者をお部屋にお呼びしましょうか？

Can I send the technician to your room?

キャンナイ　センドゥ　ザ　テクニシャン　トゥ　ユア　ルーム

お客様のお部屋の煙感知器が作動しております。

Your smoke detector is flashing.

ユア　スモウク　ディテクタァ　イズ　フラッシング

お部屋で何か燃えているものはございませんでしょうか？

Is there anything burning in your room?

イズ　ゼア　エニィスィング　バーニング　イン　ユア　ルーム

＊"anything burning"で「何か燃えているもの」という意味。

お部屋を点検させていただけますでしょうか？

May I check your room, ma'am?

メイ　アイ　チェック　ユア　ルーム　マム

お騒がせして申し訳ございません。

I'm sorry to have disturbed you.

アイム　ソーリィ　トゥ　ハヴ　ディスターブドゥ　ユー

火災警報を聞いて非常階段に出たら、
入れなくなってしまいました。

I'm outside on the fire escape and

アイム　アウトゥサイドゥ　オン　ザ　ファイア　イスケイプ　アンドゥ

can't get in.

キャントゥ　ゲットゥ　イン

何階にいらっしゃいますか？

Which floor are you on, sir?

ウィッチ　フロー　アー　ユー　オン　サァ

そのままでお待ちいただけますでしょうか？

Could you stay where you are, sir?

クッジュー　ステイ　ウェア　ユー　アー　サァ

＊"where you are"は「あなたがいるところに」という意味。

どなたかそこにいらっしゃいますか？

Hello? Is anyone there?

ハロウ　イズ　エニィワン　ゼア

扉が開きますので、左側によけていただけますか？

Could you step to the left as the door
クッジュー ステップ トゥ ザ レフトゥ アズ ザ ドー

opens outwards, sir?
オウパンズ アウトゥワァズ サー

Could you escape?

＊"escape"（イスケイプ）は「逃げる」という意味。避ける場合には使いません。

申し訳ございませんが、防犯のため、非常口は外から開かないようになっております。

I'm very sorry, sir, but for security
アイム ヴェリィ ソーリィ サァ バットゥ フォー スィキュリティ

reasons the fire doors cannot be opened
リーズンズ ザ ファイア ドーズ キャナットゥ ビー オウパンドゥ

from the outside.
フラム ザ アウトゥサイドゥ

隣室への苦情（クレームを受ける）

隣の部屋の人がとても騒がしいのですが。

The people next door are very noisy.
ザ ピープル ネクストゥ ドー アー ヴェリィ ノイズィ

ご迷惑をおかけして申し訳ございません。

I'm sorry about the noise, ma'am.
アイム ソーリィ アバウトゥ ザ ノイズ マム

＊"about"は"for"でもOKです。

静かにしていただくよう言ってまいります。

I will ask your neighbors to stop the noise.
アイ ウィル アスク ユア ネイバァズ トゥ ストップ ザ ノイズ

ナイトマネージャーがすぐにまいります。

The night manager will come
ザ ナイトゥ マニジャ ウィル カム

immediately.
イミーディアットゥリィ

私が責任をもって対応いたします。

I'll take care of it personally.
アイル テイク ケア アヴィットゥ パースナリィ

＊"take care of ..."で「…を引き受ける、処理する」という意味。

空室を確認して折り返し連絡させていただきます。
I'll check to see if another room is available, and call you back.
アイル チェック トゥ シー イフ アナザァ ルーム イズ アヴェイラブル アンドゥ コール ユー バック

注意（クレームを伝える）

おくつろぎのところ、申し訳ございません。
Excuse me for interrupting you.
イクスキューズ ミー フォー インタラプティング ユー

お邪魔して申し訳ございませんが、お客様のお部屋の音が大きいと苦情をいただいております。
I'm very sorry to disturb you, but we have had a complaint about noise from your room.
アイムヴェリィ ソーリィ トゥ ディスターブ ユー バットゥ ウィ ハヴ ハドゥ ア カンプレイントゥ アバウトゥ ノイズ フラム ユア ルーム

深夜でございます。もう少しお静かに願えませんでしょうか？
It's midnight. Could you be a little quieter, please?
イッツ ミッドゥナイトゥ クッジュー ビー ア リトゥル クワイアッタァ プリーズ

もう少しお声を押さえていただけますか？
Could you please keep your voice down?
クッジュー プリーズ キープ ユア ヴォイス ダウン

恐れ入りますが、ドアを閉めていただけますか？
Excuse me, sir, but could you close your door, please?
イクスキューズ ミー サァ バットゥ クッジュー クロウズ ユア ドー プリーズ

お客様のテレビの音が少し大きいようでございます。
Your television is a little loud.
ユア テリヴィジュン イズ ア リトゥル ラウドゥ

音量を下げていただけませんでしょうか？
Could you turn the volume down, please?
クッジュー ターン ザ ヴォリューム ダウン プリーズ

その浴衣は室内でのみのご利用をお願いしております。
The yukata are for use in the rooms only.
ザ ユカタ アー フォー ユーズ イン ザ ルームズ オウンリィ

夜着で廊下へお出にならないようにお願いいたします。

Nightwear is not allowed in the
ナイトゥウェア　イズ ノットゥ　アラウドゥ　イン　ザ
public area.
パブリック　エリア

ご協力ありがとうございます。

We appreciate your cooperation.
ウィ　アプリーシィエイトゥ　ユア　コウアパレイション

その他

誰か部屋のドアをドンドンたたいているのですが。

There is someone pounding on my door.
ゼア　イズ　サムワン　パウンディング　オン　マイ　ドー

私どもが伺うまで、ドアをお開けにならないでください。私はフロントの立花と申します。

Please don't open the door until we get
プリーズ　ドウントゥ　オウパン　ザ　ドー　アンティル　ウィ　ゲットゥ
there. This is Tachibana at the front desk.
ゼア　ズィス　イズ　タチバナ　アットゥ　ザ　フロント　デスク

部屋に鍵を置いたままドアを閉めてしまいました。

I've locked myself out of the room.
アイヴ　ロックト　マイセルフ　アウトゥアヴ　ザ　ルーム

スタッフがスペアキーを持ってお部屋まで伺います。

We'll send someone to your room with
ウィール　センドゥ　サムワン　トゥ　ユア　ルーム　ウィズ
a spare key.
ア　スペア　キー

グラスを割ってしまいました。

I've broken a water glass.
アイヴ　ブロウクン　ア　ウォーター　グラス

客室係がすぐに伺います。

We'll send someone from housekeeping
ウィール　センドゥ　サムワン　フラム　ハウスキーピング
right away.
ライトゥ　アウェイ

サービスの応対

ルームサービス

頼んだルームサービスが来ません。
My room service order hasn't been delivered.
マイ ルーム サーヴィス オーダァ ハズントゥ ビーン ディリヴァド

申し訳ございません。確認いたします。
I am sorry. Let me check on it.
アイアム ソーリィ レット ミー チェック オン イットゥ

お部屋番号とオーダーの内容を伺えますか？
May I have your room number and order, please?
メイ アイ ハヴ ユア ルーム ナンバァ アンドゥ オーダァ プリーズ

ご注文の用意ができました。
The order is ready.
ズィ オーダァ イズ レディ

すぐにお届けいたします。
We will deliver it very soon.
ウィ ウィル ディリヴァ イットゥヴェリィ スーン

申し訳ございませんが、あと30分ほどかかります。
I am sorry, but it will take 30 minutes more.
アイアム ソーリィ バットゥイットゥ ウィル テイク サーティ ミニッツ モー

あと5分ほどでお持ちいたします。
We will bring it in five minutes.
ウィ ウィル ブリング イットゥイン ファイヴ ミニッツ

We will bring it 5 minutes later.
＊「5分後にお持ちいたします」という文です。この場面では「…のうちに」という意味の"in"を使うほうがよいでしょう。

ただいまサラダをもう1皿お持ちいたします。
We will deliver another salad immediately.
ウィ ウィル ディリヴァ アナザァ サラッドゥ イミーディアットゥリィ

思っていたより部屋が汚れているので、変えてほしいのですが。
I would like to change rooms
アイ ウッドゥ　ライク　トゥ　チェインジ　ルームズ
because it is not as clean as I
ビコーズ　イットゥイズ ノットゥ アズ　クリーン　アズアイ
expected.
イクスペクティッドゥ

早急に別のお部屋をご用意いたします。
We will prepare another room for you
ウィ　ウィル　プリペア　アナザァ　ルーム　フォー　ユー
immediately.
イミーディアットゥリィ

ご利用いただけるお部屋が1部屋ございます。
We have only one room available.
ウィ　ハヴ　オウンリィ　ワン　ルーム　アヴェイラブル

昨年改装されたばかりのお部屋です。
The room was just renovated last year.
ザ　ルーム　ワズ　ジャストゥ　レナヴェイティド　ラストゥ　イア

お荷物の移動のお手伝いと、新しいお部屋の鍵をお届けするために、スタッフを1名そちらに伺わせます。
I'll send someone to your room
アイル　センドゥ　サムワン　トゥ　ユア　ルーム
to assist with your luggage
トゥ　アスィストゥ　ウィズ　ユア　ラギジ
and bring you a new key.
アンドゥ　ブリング　ユー　ア　ニュー　キー

今日の清掃は必要ありません。
I don't need cleaning today.
アイ ドゥントゥ　ニードゥ　クリーニング　トゥデイ

歯ブラシ、コップ、タオルだけでもお取り替えいたしましょうか。
We can just replace toothbrushes,
ウィ　キャン ジャストゥ　リプレイス　トゥースブラッシュイズ
glasses, and towels.
グラスイズ　アンドゥ　タウアルズ

ただいまタオルをもう1枚お届けいたします。
We will deliver another towel immediately.
ウィ　ウィル　ディリヴァ　アナザァ　タウアル　イミーディアットゥリィ

スタッフが部屋に洗濯物を届けてくれたのですが、私のではありません。
The staff delivered some laundry to
ザ　スタッフ　ディリヴァド　サム　ローンドゥリィ　トゥ
my room, but it's not mine.
マイ　ルーム　バットゥイッツノットゥ　マイン

申し訳ございません。ただいまスタッフを伺わせます。
I'm sorry, ma'am.
アイム　ソーリィ　マム
We will send someone immediately.
ウィ　ウィル　センドゥ　サムワン　イミーディアットゥリィ

間違ってお届けしたものをいただけますでしょうか？
May I have the misdelivered items, please?
メイ　アイ　ハヴ　ザ　ミスディリヴァドゥ　アイタムズ　プリーズ

セーターの洗濯をお願いしたのですが、ものすごく縮んでしまいました。
I sent a sweater to the laundry,
アイ セントゥ　ア　スウェタァ　トゥ　ザ　ローンドゥリィ
but it's come back badly shrunk.
バットゥ イッツ　カム　バック　バッドリィ　シュランク

責任者が伺いますので、その者にお話しいただけますか？
Would you like to speak to the manager?
ウッジュー　ライク　トゥ　スピーク　トゥ　ザ　マネジャ

洗濯代と新しいセーターのお代は私どもで負担させていただきます。
We will refund the cost of the laundry and a replacement sweater.
ウィ　ウィル　リーファンドゥ　ザ　コストゥ　アヴ　ザ　ローンドゥリィ　アンドゥ　ア　リプレイスメントゥ　スウェタァ

代わりの商品をお買い求めになって領収書をお持ちいただけますでしょうか？

Could you buy a replacement and give us the receipt?

クッジュー バイ ア リプレイスマントゥ アンドゥ ギヴ アス ザ リスィートゥ

お帰りになりましてから代わりの商品をお買い求めになって、領収書をお送りいただけますでしょうか？

Could you buy a replacement in your home country and send us the receipt?

クッジュー バイ ア リプレイスマントゥ イン ユア ホウム カウントゥリィ アンドゥ センドゥ アス ザ リスィートゥ

どのように支払われますか？

How am I going to be reimbursed?

ハウ アム アイゴーイング トゥ ビー リインバルスドゥ

小切手を送らせていただきます。

We will send you a bank draft for the amount.

ウィ ウィル センドゥ ユー ア バンク ドゥラフトゥ フォー ザ アマウントゥ

I will send you a bank draft for the amount.

＊確実に自分が対応する場合でなければ“we”を使います。

レストラン

30分以上待っているのですが。

Excuse me, I've been here for over half an hour.

イクスキューズ ミー アイヴ ビーン ヒア フォー オウヴァ ハーフ アンナワ

申し訳ございません。すぐに確認してまいります。

I'm sorry, sir.

アイム ソーリィ サァ

I'll go and check immediately.

アイル ゴウ アンドゥ チェック イミーディアットゥリィ

すぐにお持ちいたします。

Your order will be ready immediately.

ユア オーダァ ウィル ビー レディ イミーディアットゥリィ

大変申し訳ございません。注文が通っておりませんでした。

I'm very sorry.

アイム　ヴェリィ　ソーリィ

The order had been missed.

ザ　オーダァ　ハドゥ　ビン　ミッストゥ

どのくらいかかりますか？

How long is it going to take?

ハウ　ロング　イズイットゥ ゴーイング　トゥ　テイク

確認しましたところ、あと5分ほどでお料理をお持ちできます。

Having checked with the kitchen, it should take about five more minutes.

ハヴィング　チェックト　ウィズ　ザ　キッチン　イットゥ　シュッドゥ　テイク　アバウトゥ　ファイヴ　モー　ミニッツ

見落としておりました。

It slipped my mind.

イットゥ　スリップト　マイ　マインドゥ

＊"slip one's mind"で「失念する」という意味。

頼んだものと違うのですが。

This is not what I ordered.

ズィス　イズノットゥ　ワットゥ　アイ　オーダァドゥ

申し訳ございません。ご注文はエビフライではございませんでしたか？

I'm sorry, sir. Didn't you order deep-fried prawns?

アイム　ソーリィ　サァ　ディドゥンチュー　オーダァ　ディープフライドゥ　プローンズ

こちらのお席でチキンカツはご注文されていませんか？

Didn't anyone here order the chicken cutlet?

ディドゥントゥ エニィワン　ヒア　オーダァ　ザ　チキン　カットゥリットゥ

大変申し訳ございません。すぐにご注文されたものをお持ちします。

I'm very sorry.

アイム　ヴェリィ　ソーリィ

I'll bring the correct one immediately.

アイル　ブリング　ザ　カレクトゥ　ワン　イミーディアットゥリィ

＊"Your order will be out right away."（ユア　オーダァ　ウィルビー　アウト　ライタウェイ）などと言ってもOKです。

大変申し訳ございません。別のお客様のものと間違えてしまいました。

I'm very sorry. Your order got mixed up with another customer's order.

アイム　ヴェリィ　ソーリィ　ユア　オーダァ　ゴットゥ　ミクスト　アップ　ウィズ　アナザァ　カスタマァズ　オーダァ

＊"mix up with ..."は「…と混ぜ合わせる」という意味もありますが、「…と混同する」という意味もあります。

失礼いたしました。ご指摘ありがとうございます。

Excuse me.

イクスキューズ　ミー

Thank you for your comments.

サンキュー　フォー　ユア　コメンツ

頼んだのは3人分なのですが。

We ordered for three.

ウィ　オーダァドゥ　フォー　スリー

失礼いたしました。数を間違えておりました。

I'm sorry. I got the numbers wrong on your order.

アイム　ソーリィ　アイゴットゥ　ザ　ナンバァズ　ロング　オン　ユア　オーダァ

すぐにお持ちします。少々お待ちください。

I'll be right back with that.

アイル　ビー　ライトゥ　バック　ウィズ　ザットゥ

Just a moment, please.

ジャストゥア　モーメン　プリーズ

きちんと調理済みのものをお持ちします。

I'll be back with a properly cooked one.

アイル　ビー　バック　ウィズ　ア　プロパァリィ　クックト　ワン

＊"properly"は「適切に、きちんと、正しく」という意味。

別のグラスにお取り替えいたします。

I'll bring another glass.

アイル　ブリング　アナザァ　グラス

新しいお料理をお持ちいたします。

I'll bring a new one.

アイル　ブリング　ア　ニュー　ワン

すぐ確認して正しいもの（新しいもの）をお持ちいたします。
I'll go check and bring another one right away.
アイル ゴウ チェック アンドゥ ブリング アナザァ ワン ライトゥ アウェイ

どうなっているか調べてまいります。
Let me find out what happened.
レット ミー ファインドゥ アウトゥ ワットゥ ハパンドゥ
＊"find out"は「見つけ出す、突き止める」という意味。

すぐに作り直します。
We'll make a fresh one immediately.
ウィール メイク ア フレッシュ ワン イミーディアットゥリィ

新しいものを作り直しますが、お待ちいただけますでしょうか？
Could you wait a little longer while we make a new one?
クッジュー ウェイトゥ ア リトゥル ローンガァ ワイル ウィ メイク ア ニュー ワン

すぐにご注文のお料理をお持ちいたします。
I'll be right back with your meal.
アイル ビー ライトゥ バック ウィズ ユア ミール

お詫びにデザートをサービスさせてください。
We'd like to serve you a complimentary dessert as compensation for our mistake.
ウィードゥ ライク トゥ サーヴ ユー ア コンプリメンタリィ ディザートゥ アズ カンパンセイシャン フォー アワ ミステイク

本日のお代は頂戴いたしません。
Today's meal is on us.
トゥデイズ ミール イズ オン アス

Don't pay, please.
＊禁止の命令形になってしまうので、Don't～の表現は避けます。

次はこのようなことがないようにいたします。
We will try to make sure that doesn't happen again.
ウィ ウィル トゥライトゥ メイク シュア ザットゥ ダズントゥ ハパン アゲン

宅配

この包みを1015号室のコワルスキさんに渡してほしいのですが。

I'd like this package to be delivered to Mr. Kowalski in room 1015.

アイドゥ ライク ズィス パッキッジ トゥ ビー ディリヴァド トゥ ミスタァ コワルスキ イン ルーム テンフィフティーン

恐れ入りますが、コワルスキ様は本日ご出発の予定でございます。

I'm afraid Mr. Kowalski is checking out today.

アイム アフレイドゥ ミスタァ コワルスキ イズ チェッキング アウトゥ トゥデイ

お部屋へお戻りになるかどうかわかりかねます。

We are not sure whether he will go back to his room.

ウィ アー ノットゥ シュア ウェザァ ヒー ウィル ゴウ バック トゥ ヒズ ルーム

もしお渡しできないときはお引き取りにおいでいただけますでしょうか？

If we cannot deliver this, could you collect it later, please?

イフ ウィ キャナットゥ ディリヴァ ズィス クッジュー カレクトゥ イットゥ レイタァ プリーズ

いつごろ引き取りにお見えになるでしょうか？

When are they expecting to pick it up?

ウェン アー ゼイ イクスペクティング トゥ ピック イットゥ アップ

＊人物が男性か女性かわからないときは“they”または“he or she”を使います。

When are they expecting to take it back?

＊“take back”は「戻す、返す、（店が商品を）引き取る」という意味。

先方へはご連絡いただいておりますでしょうか？

Have you contacted them about the package?

ハヴ ユー カンタクティド ゼム アバウトゥ ザ パッキッジ

もしも先方の方がお見えにならないときは、1週間たちましたら廃棄してもよろしいでしょうか？

If they don't come to collect it, may we dispose of it after one week?

イフ ゼイ ドウントゥ カム トゥ カレクトゥ イットゥ メイ ウィ ディスポウズ アヴ イットゥ アフタァ ワン ウィーク

接客態度

スタッフの対応が悪いです。
The service of your staff is not good.
ザ　サーヴィス　アヴ　ユア　スタッフ　イズ　ノットゥ　グッドゥ

ご不快な思いをさせてしまい、申し訳ございません。
I apologize for what you have experienced.
アイ　アパラジャイズ　フォー　ワットゥ　ユー　ハヴ　イクスピリアンストゥ

どのような対応でしたでしょうか？
Could you tell me some details?
クッジュー　テル　ミー　サム　ディーテイルズ

本人にもよく言い聞かせます。
I will tell him about it.
アイウィル　テル　ヒム　アバウトゥ　イットゥ

本人に注意のうえ、責任者に報告いたします。
I will warn her and report it to the manager.
アイウィル　ウォーン　ハー　アンドゥ　リポートゥ　イットゥ　トゥ　ザ　マニジャ

今後このようなことがないよう、気をつけてまいります。
I'll make sure this never happens again.
アイル　メイク　シュア　ディス　ネヴァ　ハパンズ　アゲン
＊"I will pay close attention to not let it happen again." (アイ ウィル ペイ クロウズ アテンシュン トゥ ノットゥ レット イットゥ ハパン アゲン)などと言ってもOKです。

マネージャーが謝罪に伺います。
Our manager is coming to apologize to you.
アワ　マニジャ　イズ　カミング　トゥ　アパラジャイズ　トゥ　ユー

どのように穴埋めさせていただけますでしょうか？
How can we make it up to you?
ハウ　キャン　ウィ　メイク　イットゥ アップ　トゥ　ユー

遺失物

デジタルカメラを失くしてしまったのです。
I've lost my digital camera.
アイヴ ロストゥ マイ ディジタル キャマラ

お客様のデジタルカメラについてもう少し詳しいことを教えていただけますでしょうか？
Could you give me some information about your digital camera, please?
クッジュー ギヴ ミー サム インファメイシュン アバウトゥ ユア ディジタル キャマラ プリーズ

どちら製のものでしょうか？
What make is it?
ワットゥ メイク イズイットゥ
＊この"make"は名詞で「製造元」という意味。"brand"「ブランド」を使って、"What brand is it?"と言ってもOKです。

色は何色でしょうか？
What color is it?
ワットゥ カラァ イズイットゥ
＊"color"を"size"「大きさ」、"style"「形」に変えて聞くことができます。

全部で何点でしょうか？
How many items are there?
ハウ メニ アイタムズ アー ゼア

箱の中身は何でしょうか？
What are the contents of the box?
ワットゥ アー ザ カンテンツ アヴ ザ ボックス
＊"content"は「中身」という意味。

最初に紛失に気づかれたのはいつごろ、どちらででしょうか？
When and where did you first miss it, sir?
ウェン アンドゥ ウェア ディッドゥ ユー ファーストゥ ミス イットゥ サァ

応対

まずそちらをお調べいたします。
We will check there first.
ウィ ウィル チェック ゼア ファーストゥ

その後どちらかに立ち寄られましたか？
Did you go anywhere else after that?
ディッドゥ ユー ゴウ エニィウェア エルス アフタァ ザットゥ
＊"anywhere else"は「どこか他のところ」という意味。"anything else"で「何か他のもの」という意味になります。

そちらと保安係をお調べしてみましょう。
We will check there and with the security section, too.
ウィ ウィル チェック ゼア アンドゥ ウィズ ザ スィキュウリティ セクシュン トゥー

この用紙に送り先とバッグの価格、特徴を記入していただけますか？
Could you fill out this form with your forwarding address and the value and description of the bag?
クッジュー フィル アウトゥ ズィス フォーム ウィズ ユア フォーワァディング アドゥレス アンドゥ ザ ヴァリュー アンドゥ ディスクリプシュン アヴ ザ バッグ

見つかりましたら航空便でお送りいたします。
If we locate it, we will send it to you by air mail.
イフウィ ロウケイトゥイットゥ ウィ ウィル センドゥイットゥトゥ ユー バイ エア メイル
＊"locate"は「…の場所を見つける」という意味。

遺失物届出書にご記入いただけますでしょうか？
Could you fill out the lost property form, please?
クッジュー フィルアウトゥ ザ ロストゥ プロパァリィ フォーム プリーズ

もし見つかりましたらご連絡申し上げます。
We will contact you if it is located.
ウィ ウィル コンタクトゥ ユー イフイットゥイズ ロウケイティッドゥ

確認してまいります。少々お待ちください。
I'll see whether we have it.
アイル スィー ウェザー ウィ ハヴ イットゥ
Could you wait for a moment?
クッジュー ウェイトゥ フォー ア モーメン

ご心配なさらないでください。
Please don't worry.
プリーズ　ドウントゥ　ワリィ

できるだけ手を尽くしてカメラをお探しいたします。
We will do our best to find your camera.
ウィ　ウィル　ドゥ　アワ　ベストゥ　トゥファインドゥ　ユア　キャマラ

お客様、お待ちください。指輪をお忘れです。
Excuse me, ma'am. Please wait a minute. You've left your ring here.
イクスキューズ　ミー　マム　プリーズ　ウェイトゥ　ア
ミニットゥ　ユーヴ　レフトゥ　ユア　リング　ヒア

遺失物が届く

この携帯電話が廊下に落ちていました。
This cell phone was in the hallway.
ズィス　セル　フォウン　ワズ　イン　ザ　ホールウェイ

お届けくださり、ありがとうございます。
Thank you for bringing it here.
サンキュー　フォー　ブリンギング　イットゥ　ヒア

Thank you for delivering it.
＊落し物を届けてくれた方は配達に来たわけではないので、「持ってくる」という意味の"bring"を使いましょう。

こちらの用紙にお名前をいただけますでしょうか？
Could you give me your name on this sheet?
クッジュー　ギヴ　ミー　ユア　ネイム　オン　ズィス
シートゥ

どこでそちらを拾われましたか？
Where did you find it?
ウェア　ディッドゥ　ユー　ファインドゥ イットゥ
＊「どこで見つけましたか」という文です。

見つかったとき

お客様の携帯電話が見つかりました。
We have found your cell phone.
ウィ　ハヴ　ファウンドゥ　ユア　セル　フォウン
＊「携帯電話」は"cell phone"、"mobile phone"、または省略して"phone"と言います。

こちらでお間違いないですか？

Is this yours?

イズ ズィス ヨーズ

＊「これはあなたのものですか」という文です。

レストランにございました。

It was in the restaurant.

イットゥ ワズ イン ザ レスタラントゥ

リー様、そのデジタルカメラは遺失物係に届いておりました。

Ms. Lee, your digital camera is being held at the lost and found counter.

ミズ リー ユア ディジタル キャマラ イズ ビーイング ヘルドゥアットゥ ザ ロストゥ アンドゥ ファウンドゥ カウンタァ

＊「デジカメ」と言っても通じません。“digital camera”と言いましょう。

こちらでお預かりしておきます。どうぞご心配なく。

We'll keep it here for you. Please don't worry.

ウィール キープ イットゥ ヒア フォー ユー プリーズ ドウントゥ ワリィ

遺失物

見つからなかったとき

遺失物リストを調べましたが、お客様の腕時計は記録に載っておりません。

We have checked our lost and found list, but I'm afraid your watch did not appear on it.

ウィ ハヴ チェックト アウア ロストゥ アンドゥ ファウンドゥ リストゥ バットゥ アイム アフレイドゥ ユア ウォッチ ディッドゥノットゥ アピア オン イットゥ

あいにくですが、そのような落とし物はございませんでした。

I'm afraid we have no such item.

アイム アフレイドゥ ウィ ハヴ ノウ サッチ アイタム

＊「そのような…」と言うときは“such ...”を使います。

届け出があり次第ご連絡いたします。

We'll contact you as soon as it's reported.

ウィール コンタクトゥ ユー アズ スーン アズ イッツ リポーティッドゥ

＊「…次第すぐに」は“as soon as ...”で表します。

チェックアウト後の問い合わせ

たった今チェックアウトしたのですが、部屋にジャケットを忘れてきてしまったのです。
I've just checked out but I think I must have left my jacket in my room.
アイヴ ジャストゥ チェックト アウトゥ バットゥ アイ スィンク アイ マストゥ ハヴ レフトゥ マイ ジャキットゥ イン マイ ルーム

お名前とお部屋番号を伺えますか？
May I have your name and room number, please?
メイ アイ ハヴ ユア ネイム アンドゥ ルーム ナンバァ プリーズ

この用紙にご記入いただけますでしょうか？
Could you fill out this request slip, please?
クッジュー フィル アウトゥ ズィス リクウェストゥ スリップ プリーズ

恐れ入りますが、何か身分証明書を拝見できますでしょうか？
I'm sorry, sir, but may I see some identification, please?
アイム ソーリィ サァ バットゥ メイ アイ スィー サム アイデンティフィケイシュン プリーズ

警察に届ける

もし見つからなければ、警察へ届けたいのですが。
If you don't find it, I'd like to report it to the police.
イフ ユー ドウントゥ ファインドゥイットゥ アイドゥ ライク トゥ リポートゥ イットゥトゥ ザ パリース

かしこまりました。警察へお届けになるときにはお手伝いいたします。
Certainly, sir.
サートゥンリィ サァ
We will help you with the police report.
ウィ ウィル ヘルプ ユー ウィズ ザ パリース リポートゥ
＊「…を手伝う」は"help with …"で表します。

警察にお届けになりますか？
Would you like to report it to the police?
ウッジュー ライク トゥ リポートゥ イットゥトゥ ザ パリース

急病

病状の確認

気分がすぐれないのですが。
I feel unwell.
アイフィール　アンウェル

大丈夫ですか？
Is everything OK?
イズ　エヴリィスィング　オウケイ

どうしましたか？
What's wrong?
ワッツ　ロング
＊"What's wrong?"は「どうしましたか、何かありましたか」と確認したいときに使います。

どのような症状か教えていただけますか？
Can you tell me what's wrong?
キャン　ユー　テル　ミー　ワッツ　ロング

Can you tell me what happened?
＊「何が起きたのか言えますか（お話しください）」という文です。事件や事故などの場合はこの表現を使います。

お体の具合をお知らせください。
Please let us know how you are.
プリーズ　レット　アス　ノウ　ハウ　ユー　アー

いつから、具合が悪くなりましたか？
Since when have you been feeling unwell?
スィンス　ウェン　ハヴ　ユー　ビン　フィーリング　アンウェル
＊"since"は「…以来」という意味。

何か必要なものはありますか？
Is there anything you need?
イズ　ゼア　エニィスィング　ユー　ニードゥ

体温計をお持ちいたしましょうか？
Shall I bring you a thermometer?
シャル　アイ　ブリング　ユー　ア　サァマミタァ

他に何か私どもにできることがございましたら、ご遠慮なく10番までお電話ください。

If there is anything else we can do for you, please do not hesitate to call 10.

イフ ゼア イズ エニィスィング エルス ウィ キャン ドゥ フォー ユー プリーズ ドゥ ノットゥ ヘズィテイトゥ トゥ コール テン

＊"do not hesitate to ..."は「遠慮せずに…して」という意味。

頭痛がするのですが、何か薬を持ってきてくれませんか？

I have a headache. Can you bring me something for it?

アイ ハヴァ ヘディク キャン ユー ブリング ミー サムスィング フォーイットゥ

申し訳ございませんが、
ご希望にお応えすることができません。

I'm afraid that we are not allowed to do so.

アイム アフレイ ザットゥ ウィ アー ノットゥ アラウドゥ トゥ ドゥー ソー

お医者様をお呼びいたしましょうか？

Shall I call a doctor?

シャル アイ コール ア ドクタァ

病院にお連れしましょうか？

Shall I take you to a hospital?

シャル アイ テイク ユー トゥ ア ホスピトゥル

救急車を呼ぶ

救急車が必要ですか？

Do you need an ambulance?

ドゥ ユー ニードゥ アンナンビュランス

すぐに救急車を呼びます。

I'll call an ambulance immediately.

アイル コール アンナンビュランス イミーディアットゥリィ

同行者の方の携帯番号を教えてくださいますか？

Could I have your traveling companion's phone number?

クッドゥ アイ ハヴ ユア トゥラヴェリング カンパニアンズ フォウン ナンバァ

災害

避難指示

緊急です。
This is an emergency.
ディス　イズ　アン　イマージャンスィ

館内の非常放送の指示に従ってください。
Please follow the emergency instructions broadcast throughout the hotel.
プリーズ　フォロウ　ズィ　イマージャンスィ　インストゥラクシュンズ　ブロードゥキャストゥ　スルーアウトゥ　ザ　ホテル

落ち着いてください。
Please stay calm.
プリーズ　ステイ　カーム
＊"Please don't panic."と言ってもOKです。

避難場所へ誘導いたします。
We'll take you to an evacuation area.
ウィール　テイク　ユー　トゥ　アン　エヴァキュエイシュン　エリア
＊「非常口」は"an emergency exit"（アニマージェンシーイグズィクトゥ）と言います。

係員の指示に従ってください。
Please follow the instructions of the staff.
プリーズ　フォロウ　ズィ　インストゥラクシュンズ　アヴ　ザ　スタッフ

エレベーターは使わないでください。
Please do not use the elevator.
プリーズ　ドゥ　ノットゥ　ユーズ　ズィ　エリヴェイタァ

エレベーターにお乗りの方は、ただちにお降りください。
If you are in the elevator, please get out immediately.
イフ　ユー　アー　イン　ズィ　エリヴェイタァ　プリーズ　ゲットゥ　アウトゥ　イミーディアットゥリィ

危ないので走らないでください。
Please don't run, because it's dangerous.
プリーズ　ドウントゥ　ラン　ビコーズ　イッツ　デインジャラス

押し合わないでください。

Please don't push each other.

プリーズ　ドウントゥ　プッシュ　イーチ　アザァ

＊"each other"は「お互いに」という意味。

窓から離れてください。

Please stay away from the windows.

プリーズ　ステイ　アウェイ　フラム　ザ　ウィンドウズ

ケガをされたお客様は係の者にお申し出ください。

Please let us know if you are injured.

プリーズ　レット　アス　ノウ　イフ　ユー　アー　インジャドゥ

どうぞ心配なさらないでください。危険はございません。

Please do not worry, there is no danger.

プリーズ　ドゥ　ノット　ワリィ　ゼア　イズ　ノウ　デインジャ

火災

8階で火災が発生しました。

There has been a fire on the 8th floor.

ゼア　ハズ　ビーン　ア　ファイア　オン　ズィ　エイス　フロー

濡れたタオルで、口と鼻をおおってください。

Please cover your mouth and nose with a wet towel.

プリーズ　カヴァ　ユア　マウス　アンドゥ　ノウズ　ウィズ　ア　ウェットゥ　タウアル

炎のこない非常階段に向かって、
壁づたいにかがむか、這ってお進みください。

Crouch or crawl along the wall, and proceed towards an emergency staircase free of flames.

クラウチ　オー　クロール　アロング　ザ　ウォール　アンドゥ　プラスィードゥ　タウォーヅ　アンニマージャンスィ　ステアケイス　フリー　アヴ　フレイムズ

非常階段で地上までお降りください。

Please use the emergency stairs to the ground level.

プリーズ　ユーズ　ズィ　イマージャンスィ　ステアズ　トゥ　ザ　グラウンドゥ　レヴァル

火は(完全に)消えました。お部屋にお戻りください。

The fire is (completely) out now.
ザ　ファイア イズ　(カンプリートゥリィ)　アウトゥ　ナウ

Please go back to your room.
プリーズ　ゴウ　バック　トゥ　ユア　ルーム

地震

地震が発生いたしました。

There has been an earthquake.
ゼア　ハズ　ビーン　アンナースクウェイク

窓から離れてください。

Keep away from the windows.
キープ　アウェイ　フラム　ザ　ウィンドウズ

机の下に入ってください。

Please get under a table.
プリーズ　ゲットゥ　アンダー　ア　テイブル

＊"Please position yourself under a table."と言ってもOKです。

落下物から頭を守ってください。

Please protect your head from falling objects.
プリーズ　プラテクトゥ　ユア　ヘーッドゥ　フラム　フォーリング　アブジクツ

Please guard your head from falling objects.

＊"guard"は安全維持のために「守る、警護する、見張る」という意味になってしまいます。

火災になりませんよう、おタバコは消してください。

Please put out your cigarette to avoid causing fire.
プリーズ　プットゥ アウトゥ　ユア　スィガレットゥ　トゥ　アヴォイドゥ
コーズィング　ファイア

この地震による津波の危険(心配)はございません。

There is no danger of a tsunami from this earthquake.
ゼア　イズ　ノウ　デンジャー　アヴ　ア　ツナミ　フラム
ズィス　アースクウェイク

安全が確認されました。

We are safe now.
ウィ　アー　セイフ　ナウ

Part4 関連単語集 COLUMN

破れた
□ **torn**
トーン

ほつれた
□ **frayed**
フレイド

焼け焦げた
□ **burnt**
バーントゥ

毛羽立った
□ **fluffy**
フラフィ

形くずれした
□ **out of shape**
アウトゥ アヴ シェイプ

変色した
□ **discolored**
ディスカラァド

風邪
□ **cold**
コウルドゥ

のどの痛み
□ **sore throat**
ソー スロウトゥ

耳の痛み
□ **earache**
イアレイク

歯の痛み
□ **toothache**
トゥーセイク

腹痛
□ **stomachache**
スタマケイク

下痢
□ **diarrhea**
ダイアリーア

食あたり
□ **food poisoning**
フードゥ ポイズニング

めまいがする
□ **dizzy**
ディズィ

熱中症
□ **heat stroke**
ヒート ストローク

持病
□ **a long-standing condition**
ア ロング スタンディング コンディシャン

ケガ
□ **injury**
インジャリィ

かぶれ
□ **rash**
ラッシュ

救護室
□ **first aid center**
ファーストゥエイドゥ センタァ

耐震システム
□ **earthquake resistant system**
アースクウェイク レジスタンストゥ スィスティム

緊急地震速報
□ **earthquake warning**
アースクウェイク ウォーニング

水害
□ **flood damage**
フラッドゥ ダミッジ

余震
□ **aftershock**
アフタァショック

地すべり
□ **landslide**
ランドゥスライドゥ

雪崩
□ **avalanche**
アヴァランチ

台風
□ **typhoon**
タイフーン

吹雪
□ **blizzard**
ブリザァドゥ

噴火
□ **volcanic eruption**
ヴォルケニック イラプシャン

Part5
日本の文化を伝える

ベーシックな日本の文化を
説明するフレーズです。
観光施設の案内や
会話に役立ててください。

日本の文化を説明するフレーズ
P.231
Many people go out to view cherry blossoms.
たくさんの人が花見に出かけます。
P.233
We go out to view fireworks wearing yukata.
浴衣を着て花火を見物に出かけます。

P.230
On New Year's Day, we make the first visit of the year to a shrine or a temple.
元旦には神社や寺へ初もうでに行きます。
P.234
A lot of people go out to view the beautiful colored leaves.
たくさんの人が紅葉を見に出かけます。

基本情報

DL 5_01

人口

日本の人口は、約1億3,000万人です。

Japan's population is about 130 million.

ジャパンズ パピュレイシュン イズ アバウトゥ ワンハンドゥリッドゥサーティミリャン

東京の人口密度は、世界的にもかなり高いです。

The population density in Tokyo is quite high, globally speaking.

ザ パピュレイシュン デンサティ イン トウキョウ イズ クワイトゥ ハイ グローバリィ スピーキング

＊「人口密度」は“population density”と言います。

国土

日本は大きくわけて北海道、本州、四国、九州の4つの島からなります。

Japan consists mainly of four large islands, Hokkaido, Honshu, Shikoku and Kyushu.

ジャパン カンスィスツ メインリィ アヴ フォー ラージ アイランズ ホッカイドウ ホンシュウ シコク アンドゥ キュウシュウ

日本は北東から南西に細長い島国です。

Japan is an island country ranging from the northeast to the southwest.

ジャパン イズ アンナイランドゥ カントゥリィ レンジング フラム ザ ノースイーストゥ トゥ ザ サウスウェストゥ

面積

日本の面積は約38万km²です。

Japan has an area of about 380,000 square kilometers.

ジャパン ハズ アンネリア アヴ アバウトゥ スリーハンドゥリッドゥエイティサウザンドゥ スクウェア キロミタァズ

日本の面積はドイツとほぼ同じです。

The area of Japan is about the same as Germany.

ズィ エリア アヴ ジャパン イズ アバウト ザ セイム アズ ジャーマニィ

＊“the same as ...”で「…と同じ」という意味。

風土・気候

四季の豊かな風景が楽しめます。

We enjoy beautiful natural scenery through four distinct seasons.

ウィ インジョイ ビューティフル ナチュラル スィネリィ スルー フォー ディスティンクトゥ スィーズンズ

日本はとくに夏に雨が多いです。

In Japan, we have a lot of rain,
イン ジャパン ウィ ハヴァ ロットゥ アヴ レイン
especially in the summer.
イスペシャリィ イン ザ サマァ

In Japan, we have many rains,
especially in the summer.

＊"rain"は不可算名詞なので複数形にせず、"a lot of"を使って「たくさんの雨」と表現します。

夏は高温多湿です。

It's hot and humid in the summer.
イッツ ホットゥ アンドゥ ヒューミッドゥ イン ザ サマァ

＊"humid"は「湿気の多い、湿っぽい」という意味です。

衣食住

着物は伝統的な衣服です。

Kimono is traditional clothing.
キモノ イズ トゥラディシュナル クロウズィング

今日では、日本人の多くが特別な日にだけ着物を着ます。

Today, most Japanese wear kimono only
トゥデイ モウストゥ ジャパニーズ ウェア キモノ オウンリィ
for special occasions.
フォー スペシャル アケイジュンズ

私たちは、食事にはおもに箸を使います。

We mainly use chopsticks to eat.
ウィ メインリィ ユーズ チャップスティックス トゥ イートゥ
＊箸は2本1組で使うので、複数形にします。

私たちは米、野菜、魚をよく食べます。

We usually eat rice, vegetables and fish.
ウィ ユージュアリィ イートゥ ライス ヴェジタブルズ アンドゥ フィッシュ

伝統的な家屋は、木で造られています。

Traditional houses are made of wood.
トゥラディシュナル ハウズィズ アー メイドゥ アヴ ウッドゥ

日本の12か月

DL 5_02

1月

1月1日から3日までは休日です。

January 1st to 3rd are holidays.

ジャニュエリィ ファーストゥ トゥ サードゥ アー ホリデイズ

元旦には神社や寺へ初もうでに行きます。

On New Year's Day, we make the first visit of the year to a shrine or a temple.

オン ニュー イアズ デイ ウィ メイク ザ ファーストゥ ヴィズィットゥ アヴ ズィ イア トゥ ア シュライン オー ア テンプル

＊「新年」は"New Year"、「大晦日」は"New Year's Eve"と言います。

1月の第2月曜日は成人の日です。

The second Monday of January is Coming-of-Age Day.

ザ セカンドゥ マンディ アヴ ジャニュエリィ イズ カミング アヴ エイジ デイ

20歳になる若者が集まって、成人になったことを祝います。

Twenty-year-olds get together and celebrate growing to adulthood.

トゥウェンティイア オウルズ ゲットゥ トゥゲザァ アンドゥ セリブレイトゥ グロウィング トゥ アダルトゥフッドゥ

＊"adulthood"は「成人期」という意味。

2月

節分は立春を祝う日です。

Setsubun is the day to celebrate the first day of spring.

セツブン イズ ザ デイ トゥ セリブレイトゥ ザ ファーストゥ デイ アヴ スプリング

豆まきをして鬼を払い、福を呼び込みます。

We throw beans to drive away demons and call in good luck.

ウィ スロウ ビーンズ トゥ ドゥライヴ アウェイ ディーマンズ アンドゥ コール イン グッドゥ ラック

＊"demon"は「鬼」という意味。

3月

3月はひな祭りがあります。

In March, the Doll's Festival is held.

イン マーチ ザ ドールズ フェスティヴァル イズ ヘルドゥ

女の子の健康と幸せを祈って、美しいひな人形を飾ります。

We display beautiful dolls to pray for young girls' health and happiness.

ウィ ディスプレイ ビューティフル ドールズ トゥ プレイ フォー ヤング ガールズ ヘルス アンドゥ ハピィニス

暖かくなり、梅がほころび始めます。

By then, it's getting warmer and plum trees begin to blossom.

バイ ゼン イッツ ゲッティング ウォーマァ アンドゥ プラム トゥリーズ ビギン トゥ ブロッサム

＊"It's getting warmer."は「だんだん暖かくなってきている」という意味。"It's getting colder."で「だんだん寒くなってきている」。

春分の日前後には、お墓参りに行きます。

People make visits to graves around the spring equinox.

ピープル メイク ヴィズィッツ トゥ グレイヴズ アラウンドゥ ザ スプリング イークウィナックス

4月

日本では新学期は4月に始まります。

The new school year begins in April in Japan.

ザ ニュー スクール イア ビギンズ イン エイプラル イン ジャパン

たくさんの人が花見に出かけます。

Many people go out to view cherry blossoms.

メニィ ピープル ゴウ アウトゥ トゥ ヴュー チェリィ ブロッサムズ

＊「桜の花」は"cherry blossoms"、「桜の木」は"cherry tree"と言います。

日本人は桜の下で宴会をするのが好きです。

We like having an outdoor party right under the cherry blossoms.

ウィ ライク ハヴィング アンナウトゥドー パーティ ライトゥ アンダァ ザ チェリィ ブロッサムズ

5月

5月は端午の節句を祝います。

The Boy's Festival is celebrated in May.

ザ ボイズ フェスティヴァル イズ セリブレイティド イン メイ

男の子の成長と健康を祈って、五月人形やこいのぼりを飾ります。
We set out dolls and fly carp streamers to wish for the growth and health of boys.
ウィ セットゥ アウトゥ ドールズ アンドゥ フライ カープ ストゥリーマーズ トゥ ウィッシュ フォー ザ グロウス アンドゥ ヘルス アヴ ボイズ

5月初めにはゴールデンウィークと呼ばれる大型連休があります。
There is a long holiday period called Golden Week in early May.
ゼア イズ ア ロング ホリデイ ピリアッドゥ コールドゥ ゴウルドゥン ウィーク イン アーリィ メイ

＊「ゴールデンウィーク」は和製英語のため、そのままでは外国人に通じません。

6月

6月から梅雨に入ります。
The rainy season begins in June.
ザ レイニィ スィーズン ビギンズ イン ジューン

6月には衣替えをします。
In June, we change into summer clothes at school and work.
イン ジューン ウィ チェインジ イントゥ サマァ クロウズ アットゥ スクール アンドゥ ワーク

あじさいが美しく咲く季節です。
Hydrangeas are beautiful in this season.
ハイドゥランジャズ アー ビューティフル イン ズィス スィーズン

7月

7月7日は七夕です。
July 7th is the day of the Star Festival.
ジュライ セヴンス イズ ザ デイ アヴ ザ スター フェスティヴァル

色とりどりの短冊に願い事を書き、笹に飾ります。
We write our wishes on colored paper strips and hang them on bamboo.
ウィ ライトゥ アワ ウィッシュイズ オン カラァド ペイパァ ストゥリップス アンドゥ ハング ゼム オン バンブー

7月には、お世話になっている人にお中元を贈ります。
In July, we give summer gifts to show our appreciation to people who have been especially kind to us.
イン ジュライ ウィ ギヴ サマァ ギフツ トゥ ショー アワ アプリシエーション トゥ ピーポウ フー ハブ ビーン エスペッシャリー カインド トゥ アス

＊favorは「親切な行為、世話」という意味。

8月

8月15日前後はお盆です。

Obon Festival is held on a few days around August 15th.

オボン フェスティヴァル イズ ヘルドゥ オン ア フュー デイズ アラウンドゥ オーガストゥ フィフティーンス

この時期には多くの人が休みをとって実家に帰省します。

Many people take a holiday and return to their hometowns during this period.

メニィ ピープル テイク ア ホリデイ アンドゥ リターン トゥ ゼア ホウムタウンズ ドゥリング ズィス ピリアッドゥ

Many people take a holiday and return to their hometown during this period.

＊"hometown"は「故郷」という意味。故郷は人によって違うので、"many people"に合わせて複数形にします。

浴衣を着て花火を見物に出かけます。

We go out to view fireworks wearing yukata.

ウィ ゴウ アウトゥ トゥ ヴュー ファイアワークス ウェアリング ユカタ

9月

旧暦にあわせて、9月に月見をします。

People celebrate the harvest moon in September according to the lunar calendar.

ピープル セレブレイト ザ ハーヴェスト ムーン イン セプテンバー アコーディング トゥ ザ ルーナァ キャリンダァ

＊"the lunar calendar"は「旧暦」、"harvest moon"は「9月の満月」という意味です。「10月の満月」は"hunter's moon"と言います。

月を見ながら、特別な団子を食べる風習があります。

We have a custom of eating special dumplings when we view the moon.

ウィ ハヴァ カスタム アヴ イーティング スペシャル ダンプリングス ウェン ウィ ヴュー ザ ムーン

＊"custom"は「慣習、風習」という意味。

10月

多くの学校で、運動会や体育祭が行われます。

Sports festivals are held at many schools.

スポーツ フェスティヴァルズ アー ヘルドゥ アットゥ メニィ スクールズ

ハロウィーンは日本でも浸透してきました。

Halloween has become popular in Japan.
ハロウィーン　ハズ　ビカム　パピュラァ　イン　ジャパン

11月

たくさんの人が紅葉を見に出かけます。

A lot of people go out to view the beautiful colored leaves.
ア　ロットゥ　アヴ　ピープル　ゴウ　アウトゥ　トゥ　ヴュー　ザ　ビューティフル　カラァド　リーヴズ

七五三は子どもの成長を祝う行事です。

Shichigosan is an event to celebrate children's growth.
シチゴサン　イズ　アンニヴェントゥ　トゥ　セリブレイトゥ　チルドゥランズ　グロウス

女児は3歳と7歳、男児は5歳に神社を参拝します。

Three-year-old girls, five-year-old boys, and seven-year-old girls visit shrines.
スリーイアオウルドゥ　ガールズ　ファイヴイアオウルドゥ　ボーイズ　アンドゥ　セヴンイアオウルドゥ　ガールズ　ヴィズィットゥ　シュラインズ

12月

12月は1年でもっとも忙しい月です。

December is considered the busiest month in the year.
ディセンバァ　イズ　カンスィダァド　ザ　ビズィエストゥ　マンス　イン　ザ　イア

お世話になった人にお歳暮を贈ります。

We give winter gifts to express appreciation to important people in our lives, recognizing favors we have received.
ウィ　ギヴ　ウィンタァ　ギフツ　トゥ　イクスプレス　アプリスィエイション　トゥ　インポータントゥ　ピープル　イン　アワ　ライヴズ　リコグナィズィング　フェイヴァズ　ウィ　ハヴ　リシーヴィドゥ

年末には、正月に備えて大掃除をします。

At the end of the year, we clean our homes to get ready for New Year's Day.
アットゥ　ズィ　エンドゥ　アヴ　ザ　イア　ウィ　クリーン　アワ　ホームズ　トゥ　ゲットゥ　レディ　フォー　ニュー　イアズ　デイ

伝統の衣服

男女の着物

20世紀初頭まで、着物は日常着でした。

Kimono used to be everyday clothing until the early 20th century.

キモノ ユースト トゥ ビー エヴリデイ クロウズィング アンティル ズィ アーリィ トゥウェンティス センチャリィ

TPOや性別に応じて、ふさわしい着物をまといます。

We select a kimono that is appropriate to the situation and gender.

ウィ スィレクトゥ ア キモノ ザットゥ イズ ァプロウプリィイットゥ トゥ ザ スィチュエイシュン アンドゥ ジェンダァ

紋付羽織袴は、男性の正装用の着物です。

The montsuki-haori-hakama is a formal kimono ensemble for men.

ザ モンツキハオリハカマ イズ ア フォーマル キモノ アーンサーンバル フォー メン

The montsuki-haori-hakama is a formal kimono ensemble for a man.

＊男性全般の指すので複数形の“men”にします。

未婚女性の正装用の着物は振袖と言います。

Kimono worn by unmarried ladies on ceremonial occasions are called furisode.

キモノ ウォーン バイ アンマリィドゥ レディーズ オン セリモウニアル ァケイジュンズ アー コールドゥ フリソデ

留袖は既婚女性の礼装の着物です。

The tomesode is a formal kimono for married women.

ザ トメソデ イズ ア フォーマル キモノ フォー マリィドゥ ウィミン

The tomesode is a formal kimono for marriage women.

＊「既婚女性」は「結婚している女性」と表します。“married”は「結婚している」という形容詞。

袖が短く、落ち着いた色柄が多いです。

It has shorter sleeves and mostly muted colors and designs.

イットゥ ハズ ショータァ スリーヴズ アンドゥ モウストゥリィ ミューティド カラァズ アンドゥ ディザインズ

暑い夏には浴衣を着ます。

We wear yukata in the hot summer.

ウィ ウェア ユカタ イン ザ ホットゥ サマァ

付属品

帯はウエスト上部に巻き、後ろで結びます。

An obi sash is worn above the waist and fastened in the back.

アン オビ サッシュ イズ ウォーン アバヴ ザ ウェイストゥ アンドゥ ファスンド イン ザ バック

帯にはたくさんの結び方があります。

There are many styles of fastening the obi sash.

ゼア ラー メニィ スタイルズ アヴ ファスニング ズィ オビ サッシュ

着物を着るときは、白い足袋を履きます。

We wear white tabi socks when dressed in kimono.

ウィ ウェア ワイトゥ タビ ソックス ウェン ドゥレスト イン キモノ

＊"dress"は「ドレス、衣服」といった名詞の意味のほかに「服を着せる、服を着る」という動詞の意味もあります。

あらたまった着物を着るときは草履を履きます。

When dressed up in formal kimono, we wear zori sandals.

ウェン ドゥレスト アップ イン フォーマル キモノ ウィ ウェア ゾウリ サンドゥルズ

草履は布や革でできています。

Zori sandals are made of fabric and leather.

ゾウリ サンドゥルズ アー メイドゥ アヴ ファブリック アンドゥ レザァ

日本に古くからある木靴を下駄と言います。

Traditional Japanese clogs are called geta.

トゥラディシュナル ジャパニーズ クログス アー コールドゥ ゲタ

建物

城

天守閣は、城の中でもっとも重要な建物です。

The tenshukaku, the castle tower, is the most prominent structure of a castle.

ザ テンシュカク ザ キャスル タウア イズ ザ モウストゥ プラミナントゥ ストゥラクチャ アヴ ア キャスル

ほとんどの天守閣は2～5重で、中は外から見える以上に階層が分かれていることが多いです。

Most castle towers have between two to five stories, and there are often more floors inside than on the outside.

モウストゥ キャスル タウアズ ハヴ ビトゥウィーン トゥー トゥ ファイヴ ストーリィズ アンドゥ ゼア ラー オーフン モー フローズ インサイドゥ ザン オン ズィ アウトゥサイドゥ

城壁と堀の囲みは、城の守りの要です。

Several rings of walls and moats are the main defense measures of castles.

セヴェラル リングス アヴ ウォールズ アンドゥ モウツ アー ザ メイン ディフェンス メジャズ アヴ キャスルズ

かつての江戸城である皇居は、もっとも印象深い例の1つです。

The Imperial Palace, which used to be Edo Castle, offers one of the most impressive examples.

ズィ インピリアル パリス ウィッチ ユースタ ビー エド キャスル オーファズ ワン アヴ ザ モウストゥ インプレッスィヴ イグザンプルズ

姫路城は、国宝です。

Himeji Castle is a designated National Treasure.

ヒメジ キャスル イズ ア ディジグネイティド ナシュナル トゥレジャ

寺

仏像などの礼拝物は本堂に展示されています。

Sacred objects of worship, such as statues, are displayed in the main hall.

セイクリッドゥ オブジクツ アヴ ワーシップ サッチ アズ スタチューズ アー ディスプレイド イン ザ メイン ホール

＊"worship"は「礼拝する、崇拝する」という意味。

講堂は会合や講義に使われ、しばしば礼拝物も展示されています。

Lecture halls are for meetings and
レクチャ ホールズ アー フォー ミーティングス アンドゥ
lectures and often also display objects of
レクチャズ アンドゥ オーフン オールソウ ディスプレイ オブジクツ アヴ
worship.
ワーシップ

大晦日には、仏教で煩悩の数が108個あるということから寺の鐘が108回鳴らされます。

On New Year's Eve, temple bells are
オン ニュー イアズ イーヴ テンプル ベルズ アー
rung 108 times, corresponding to the
ラング ワンハンドゥリッドゥエイトゥ タイムズ コリスポンディング トゥ ザ
Buddhist concept of 108 worldly desires.
ブーディストゥ カンセプトゥ アヴ ワンハンドゥリッドゥエイトゥ ワールドゥリィ ディザイアズ

＊"ring"「鳴る」は"ring（現在形）－rang（過去形）－rung（過去分詞）"と変化します。

参拝するにはお線香を買い、火をつけて立てます。

Purchase incense sticks, light them, and then put
パーチス インセンス スティックス ライトゥ ゼム アンドゥ ゼン プットゥ
them into the incense burner when you worship.
ゼム イントゥ ザ インセンス バーナァ ウェン ユー ワーシップ

両手を静かに合わせて願い事をします。

Put your hands together quietly and
プットゥ ユア ハンヅ トゥゲザァ クワイアットゥリィ アンドゥ
make a wish.
メイク ア ウィッシュ

神社

1つまたはそれ以上の鳥居が、神社の参道と入り口への目印です。

One or more torii gates mark
ワン オー モー トリイ ゲイツ マーク
the approach and entrance to a shrine.
ザ ァプロウチ アンドゥ エントゥランス トゥ ア シュライン

狛犬は番人である犬や獅子のことで、神社の入り口の両側によく見られます。

Komainu are a pair of guardian dogs or
コマイヌ アー ア ペア アヴ ガーディアン ドッグズ オー
lions, often found on each side of a
ライアンズ オーフン ファウンドゥ オン イーチ サイドゥ アヴ ア
shrine's entrance.
シュラインズ エントゥランス

入り口付近にある湧水はお浄めのためのものです。

The water of fountains found near
ザ　ウォータァ　アヴ　ファウンティンズ　ファウンドゥ　ニア

the entrance is used for purification.
ザ　エントゥランス　イズ　ユーズド　フォー　プュリフィケイシュン

本殿は奥にあり、神社で祀っているものが安置されています。

The main hall's innermost chamber
ザ　メイン　ホールズ　イナァモウストゥ　チェインバァ

contains the shrine's sacred object.
カンテインズ　ザ　シュラインズ　セイクリッドゥ　オブジクトゥ

参拝者は祈りやお賽銭を拝殿で捧げます。

Visitors make their prayers and offerings
ヴィズィタァズ　メイク　ゼア　プレイアズ　アンドゥ　オーファリングス

at the offering hall.
アットゥ　ズィ　オーファリング　ホール

2度お辞儀をし、2度手を叩いてください。

Bow twice, and then clap your hands
バウ　トゥワイス　アンドゥ　ゼン　クラップ　ユア　ハンズ

twice.
トゥワイス

合掌して願い事をし、最後に1度礼をします。

Put your hands together to pray, and
プットゥ　ユア　ハンズ　トゥゲザァ　トゥ　プレイ　アンドゥ

lastly bow once.
ラストゥリィ　バウ　ワンス

おみくじと呼ばれる占いの紙は、多くの神社や寺で見られます。

Fortune-telling paper slips called omikuji
フォーチュン　テリング　ペイパァ　スリップス　コールドゥ　オミクジ

are found in many shrines and temples.
アー　ファウンドゥ　イン　メニィ　シュラインズ　アンドゥ　テンプルズ

大吉でなかったおみくじは、運勢がよくなるように木の枝に結びつけます。

You can tie an omikuji that doesn't give
ユー　キャン　タイ　アン　オミクジ　ザットゥ　ダズントゥ　ギヴ

you the best fortune on a tree branch
ユー　ザ　ベスト　フォーチュン　オン　ア　トゥリー　ブランチ

in the hope that your luck will improve.
イン　ザ　ホウプ　ザットゥ　ユア　ラック　ウィル　インプルーブ

芸能

歌舞伎

歌舞伎は、男性だけで演じられます。
In kabuki, all the roles are played by male actors.
イン カブキ オール ザ ロウルズ アー プレイド バイ メイル アクタァズ

役者は派手な化粧をしています。
Actors put on exaggerated make-up.
アクタァズ プットゥ オン イグザジャレイティド メイクアップ

能

能は舞踊と音楽が中心の仮面劇です。
Noh is a dramatic art played by masked actors, which features dancing and chants.
ノウ イズ ア ドゥラマティック アートゥ プレイド バイ マスクト アクタァズ ウィッチ フィーチャズ ダーンスィング アンドゥ チャーンツ

面をつけるのはシテと呼ばれる主役です。
The main actor called a shite wears a mask.
ザ メイン アクタァ コールドゥ ア シテ ウェアズ ア マスク

狂言

狂言は伝統的な喜劇です。
Kyogen is a traditional comedy.
キョウゲン イズ ア トゥラディシュナル カーマディ

それらの演目は、庶民の日常が題材になっています。
Themes are based on the lives of commoners.
スィームズ アー ベイスド オン ザ ライヴズ アヴ コマナァズ

文楽

文楽は日本の伝統的な人形劇です。
Bunraku is a traditional Japanese puppet theater.
ブンラク イズ ア トゥラディシュナル ジャパニーズ パピットゥ スィアタァ

三味線の伴奏にのせて、演者が語ります。
Chanters recite characters' parts accompanied by shamisen music.
チャーンタァズ リサイトゥ キャリクタァズ パーツ アカンパニィド バイ シャミセン ミューズィック

武道

相撲

相撲は、日本古来の武芸です。

Sumo is an ancient martial art of Japan.

スモウ イズ アン エインシャントゥ マーシャル アートゥ アヴ ジャパン

2人の力士が土俵の上で組み合って戦います。

Two wrestlers grapple with each other in a dohyo, a wrestling ring.

トゥー レスラァズ グラパル ウィズ イーチ アザァ イン ア ドヒョー ア レスリング リング

柔道

柔道は、侍によって開発された柔術が進化した武道です。

Judo is a martial art that has evolved from jujutsu developed by samurai.

ジュウドウ イズ ア マーシャル アートゥ ザットゥ ハズ イヴァールヴド フラム ジュウジュツ ディヴェラップト バイ サムライ

柔道は実用的な格闘技術と、相手への思いやりを備えています。

Judo combines practical fighting techniques with thoughtfulness for one's enemy.

ジュウドウ カンバインズ プラクティカル ファイティング テクニークス ウィズ ソートゥフルネス フォー ワンズ エナミィ

＊"combine"「結合する、兼ね備える」という意味。

剣道

剣道は竹刀と呼ばれる竹の剣を使って、剣術を行う武道です。

Kendo is a martial art of fencing using a bamboo sword called a shinai.

ケンドウ イズ ア マーシャル アートゥ アヴ フェンスィング ユーズィング ア バンブー ソードゥ コールドゥ ア シナイ

防具で全身を覆って戦います。

The contestants practice wearing protective armor that covers their entire body.

ザ コンテスタンツ プラクティス ウェアリング プラテクティヴ アーマァ ザットゥ カヴァズ ゼア インタイア ボディ

芸術

浮世絵

浮世絵は17世紀から20世紀に描かれました。

Ukiyo-e were printed during the period from the 17th to 20th centuries.

ウキヨエ　ワー　プリンティドゥ　ドゥリング　ザ　ピリアッドゥ
フラム　ザ　セヴンティーンス　トゥ　トゥウェンティイス　センチャリィズ

当時の風景や風俗、人物を描いています。

The prints depicted landscapes, customs, and portraits of those times.

ザ　プリンツ　ディピクティド　ランドゥスケイプス　カスタムズ
アンドゥ　ポートレイツ　アヴ　ゾウズ　タイムズ

書道とは毛筆と墨で文字を表現する芸術です。

Shodo or Japanese calligraphy is the art of drawing characters with a brush and ink.

ショドウ　オー　ジャパニーズ　カリグラフィ　イズ　ザ　アートゥ　アヴ
ドゥローイング　キャリクタァズ　ウィズ　ア　ブラッシュ　アンドゥ　インク

華道とは樹枝や草花を花器に活ける芸術です。

Flower arranging is the art of putting flowers and other plant cuttings in a container.

フラウア　アレインジング　イズ　ズィ　アートゥ　アヴ　プッティング
フラウアズ　アンドゥ　アザ　プラント　カッティングス　イン　ア
カンテイナァ

茶道とは、お茶を通してお客様をもてなす作法です。

Tea ceremony is a formalized way of making tea to welcome guests.

ティー　セリモウニィ　イズ　ア　フォーマライズド　ウェイ　アヴ
メイキング　ティー　トゥ　ウェルカム　ゲスツ

最初にお菓子、そのあとにお茶をいただきます。

People eat sweets first, and then drink a bowl of tea.

ピープル　イートゥ　スウィーツ　ファーストゥ　アンドゥ　ゼン　ドゥリンク
ア　ボウル　アヴ　ティー

工芸

和紙

和紙は植物の繊維から手すきで作る紙です。

Washi is paper that is hand-made using plant fiber.

ワシ イズ ペイパァ ザットゥ イズ ハンドゥメイドゥ ユーズィング プラントゥ ファイバァ

独特の風合いと吸湿性があります。

It has a distinct feel and absorbs moisture.

イットゥ ハズ ア ディスティンクトゥ フィール アンドゥ アブソーブズ モイスチャ

＊"distinct"は「異なった」という意味。

漆器

漆器はうるしの樹液を塗って仕上げた木の器です。

Lacquerware is wooden dishes finished with a coating of lacquer tree sap.

ラカウェア イズ ウドゥン ディッシィズ フィニッシュト ウィズ ア コウティング アヴ ラカー トゥリー サップ

光沢が美しく、湿気から器を守ります。

Giving a beautiful shiny appearance, the coating protects the wooden base layer from humidity.

ギヴィング ア ビューティフル シャイニィ アピアランス ザ コウティング プラテクツ ザ ウドゥン ベース レイヤー フラム ヒューミディティ

陶磁器

陶磁器は、粘土を焼いた器です。

Ceramics are items made of clay that has been fired.

スィラミックス アー アイテムス メイドゥ アヴ クレイ ザットゥ ハズ ビーン ファイアドゥ

地方の焼き物にはそれぞれ独自の特徴があります。

Each region has its own unique style of ceramics.

イーチ リージュン ハズ イッツ オウン ユーニーク スタイル アヴ スィラミックス

Each region have its own unique style of ceramics.

＊"each"は「それぞれの」という意味で、あとに続く名詞は単数扱いになります。

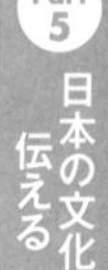

ポップカルチャー

マンガ

日本では、マンガは子どもだけでなく大人にも人気です。

In Japan, comics are popular not only among kids but also among adults.

イン ジャパン コミックス アー パピュラァ ノットゥ アウンリィ ァマング キッズ バットゥ オールソウ ァマング ァダルツ

大人向けのマンガもたくさんあります。

There are a lot of comics for adults.

ゼア ラー ア ロットゥ アヴ コミックス フォー ァダルツ

多くの日本のマンガが世界で翻訳されています。

A lot of Japanese comics are translated into other languages.

ア ロットゥ アヴ ジャパニーズ コミックス アー トゥランスレイティド イントゥ アザー ラングウェイジィズ

コミックマーケットは、マンガとアニメのファンがたくさん集まる大きなイベントです。

Comic Market is a big event that many anime and manga fans visit.

コミック マーキットゥ イズ ア ビッグ イヴェントゥ ザットゥ メニィ アニメ アンドゥ マンガ ファンズ ヴィズィットゥ

＊“anime”は“animated films”、“manga”は“comics”などと言えば日本の文化に詳しくない人にも通じます。

コミックマーケットは年に2回開かれています。

Comic Market is held twice a year.

コミック マーキットゥ イズ ヘルドゥ トゥワイス ア イア

＊“twice”は「2回」という意味。“time”「回」を使って表すこともできます。

マンガやアニメのキャラクターに扮するコスプレが人気です。

Cosplay, in which participants wear costumes to represent a specific character from manga and anime, is popular.

コスプレイ イン ウィッチ パーティスィパンツ ウェア カストゥームズ トゥ レプリゼントゥ ア スピスィフィック キャリクタァ フラム マンガ アンドゥ アニメ イズ パピュラァ

アニメ

宮崎駿は日本が誇るアニメ作家です。
We are proud of the animated filmmaker Hayao Miyazaki.
ウィ アー プラウドゥ アヴ ザ アニメイティドゥ フィルムメイカー ハヤオ ミヤザキ

秋葉原はアニメ関係の店が多いことで有名です。
Akihabara is famous for anime shops.
アキハバラ イズ フェイマス フォー アニメ ショップス

Akihabara is famous of anime shops.
＊「…で有名な」で“famous for...”という意味になるので、“of”を使わないようにしましょう。

ゲーム

任天堂はゲーム会社として世界的に有名です。
Nintendo is well-known to the world as a video game company.
ニンテンドウ イズ ウェルノウン トゥ ザ ワールドゥ アズ ア ヴィディオウ ゲイム カンパニィ

日本のゲームセンターの多くはつねににぎわっています。
Many amusement arcades in Japan are always busy.
メニィ アミューズマントゥ アーケイズ イン ジャパン アー オールウェイズ ビズィ
＊「ゲームセンター」は“amusement arcade”と言います。

ゲームセンターでは、たくさんの種類のゲームが楽しめます。
You can enjoy many different games there.
ユー キャン インジョイ メニィ ディファラントゥ ゲイムズ ゼア

その他

原宿などを中心に、独特なファッションをした若者が見られます。
We find young people in unique fashions especially around Harajuku.
ウィ ファインドゥ ヤング ピープル イン ユーニーク ファッシュンズ イスペシャリィ アラウンドゥ ハラジュク

今日、日本ではたくさんのアイドルが輩出されています。
Today, Japan produces many pop idols.
トゥデイ ジャパン プロデュースズ メニィ ポップ アイドゥルズ

Part5 関連単語集

COLUMN

いろり
- ☐ **sunken hearth**
  サンカン　ハース

日本瓦
- ☐ **Japanese tile**
  ジャパニーズ　タイル

提灯
- ☐ **Japanese lantern**
  ジャパニーズ　ランタァン

国宝
- ☐ **national treasure**
  ナシュナル　トゥレジャ

境内
- ☐ **the grounds**
  ザ　グラウンズ

鐘楼
- ☐ **bell tower**
  ベル　タウア

石碑
- ☐ **stone monument**
  ストウン　マニュマントゥ

奉納する
- ☐ **offer**
  オーファ

あぐらをかく
- ☐ **sit cross-legged**
  スィットゥ　クロス　レッグドゥ

瞑想する
- ☐ **meditate**
  メディテイトゥ

商売繁盛
- ☐ **prosperous business**
  プラスパラス　ビズニス

交通安全
- ☐ **traffic safety**
  トゥラフィック　セイフティ

無病息災
- ☐ **protection from illness and misfortune**
  プロテクシュン　フラム　イルニス　アンドゥ　ミスフォーチュン

家内安全
- ☐ **well-being of the family**
  ウェルビーイング　アヴ　ザ　ファマリィ

金運上昇
- ☐ **luck with money**
  ラック　ウィズ　マニィ

縁結び
- ☐ **marriage tie**
  マリッジ　タイ

噺家、落語家
- ☐ **performer of rakugo**
  パァフォーマァ　オブ　ラクゴ

扇子
- ☐ **a folding fan**
  ア　フォウルディング　ファン

手ぬぐい
- ☐ **Japanese towel**
  ジャパニーズ　タウアル

登場人物
- ☐ **character**
  キャリクタァ

弓
- ☐ **bow**
  ボウ

的
- ☐ **target**
  ターギットゥ

射る
- ☐ **shoot**
  シュートゥ

漆器
- ☐ **lacquerware**
  ラカウェア

陶磁器
- ☐ **ceramics**
  スィラミックス

織物
- ☐ **fabric**
  ファブリック

喫茶店
- ☐ **cafe**
  キャフェ

テレビゲーム
- ☐ **video game**
  ヴィディオウゲイム

パート別
INDEX

業務やシーンに適したフレーズを
すぐに調べられるように、
パート・シーンごとに
まとめました。

Part 1　フロント業務

あ行

イベント案内 ･･････････････ 98
「いらっしゃいませ」･･　36、38
AED について ･････････････ 53
エレベーターの案内 ･･････ 48
「おいくら両替いたしますか？」
･･････････････ 88
「お会計の明細をご確認
いただけますか？」･･････ 59
お客様宛の宅配・郵便 ･････ 91
お客様到着 ･･････････････ 36
「お調べいたします」･･････ 61
「お名前をお伺いしても
よろしいですか？」･･････ 38
「お部屋に荷物はございません
でしょうか？」･･････････ 59
「お部屋へご案内いたします」
･･････････････ 47
「お部屋までお持ちします」
･･････････････ 44
「お待たせいたしました」･･･ 70
「お待ちしておりました」･･･ 38
「お忘れものはございませんか？」
･･････････････ 63
温泉の説明 ･･････････････ 65

か行

海外への宅配便 ･･････････ 92
会計 ･････････････････････ 56
外出時の案内 ････････････ 44
鍵のお渡し ･･････････････ 40
鍵のお渡し（団体）･･････ 45
鍵の使い方 ･･････････････ 49
確認（会計）･････････････ 59
確認（両替）･････････････ 88
カプセルホテル ･･････････ 67
観光案内 ････････････････ 98
館内施設について ････････ 53
館内施設の案内 ･･････････ 52
貴重品の案内 ･･････　40、64
客室サービス ････････････ 70
空港バスの手配 ･･････････ 61
クレジットカードでの支払い
･･････････････ 57
現金での支払い ･･････････ 56
断り（両替）･････････････ 90
コピーの依頼 ････････････ 79
「ごゆっくりおくつろぎください」
･･････････････ 37
「ご用がございましたら、
お呼びくださいませ」･････ 71

「ご予約ありがとうございます」 ・・・・・・・・・・・ 38

さ行

サービスの案内 ・・・・・・・・・・ 44
「災害時には階段で避難してください」・・ 53
自動販売機について ・・・・・・ 53
ジムの案内 ・・・・・・・・・・・・・ 53
消費税について ・・・・・・・・・ 56
食事の案内 ・・・・・・・・・・・・・ 42
製氷機について ・・・・・・・・・ 53
「掃除に伺いました」 ・・・・・ 77

た行

タクシーの手配 ・・・・・・・・・ 61
宅配・・・・・・・・・・・・・・・・・・・ 91
団体客のチェックイン ・・・・・ 45
チップへの対応 ・・・・・・・・・ 51
チェックアウト ・・・・・・・・・ 56
「チェックアウトは午前 10 時です」 ・・・・・・・・・・・ 44
チェックイン ・・・・・・・・・ 38
朝食の案内 ・・・・・・・・・・・・・ 42
ツアーの予約 ・・・・・・・・・・・ 99
出迎え ・・・・・・・・・・・・・・・ 36
電圧について ・・・・・・・・・・・ 84
天気予報を調べる ・・・・・・・・ 87
電車の案内 ・・・・・・・・・・・・・ 95
電話番号を調べる ・・・・・・・・ 86
問い合わせ ・・・・・・・・・・・・・ 82
道具の貸し出し ・・・・・・・・・ 82
道具の使い方 ・・・・・・・・・・・ 84
「どうぞこちらへ」・・・・・・・・ 48
トラベラーズチェック ・・・・・ 89

な行

「何名様ですか？」・・・・・・・・ 41
荷物の預かり（クローク）・・・ 60
荷物の預かり（出迎え）・・・・ 36
荷物の確認 ・・・・・・・・・・・・・ 47
荷物の返却（クローク）・・・・ 61

は行

売店の案内 ・・・・・・・・・・・・・ 53
ハウスキーピング ・・・・・・・・ 77
「パスポートをご提示ください」 ・・・・・・・・・・・ 39

発送（宅配・郵便）・・・・・・・91
販売について・・・・・・・・・・・・83
ビジネスサポート・・・・・・・・・78
ビジネスホテル・・・・・・・・・・66
非常口について・・・・・・・・・・52
「非常口は各階の端にございます」
・・・・・・・・・・・52
FAX 送信の依頼・・・・・・・・・78
「フロントへご案内いたします」
・・・・・・・・・・・37
フロントへの案内・・・・・・・・・37
プールの案内・・・・・・・・・・・・54
別館への案内・・・・・・・・・・・・54
部屋の説明・・・・・・・・・・・・・49
部屋までの案内・・・・・・・・・・47
部屋までの誘導・・・・・・・・・・47

ま行

「またのお越しを
お待ちしております」・・・・・63
「満室となっております」・・・42
見送り・・・・・・・・・・・・・・・・63
道案内・・・・・・・・・・・・・・・・93
ミニバーについて・・・・・・・・・50
「無線LANがご利用いただけます」
・・・・・・・・・・・81
モーニングコール・・・・・・・・・72

や行

夕食の案内・・・・・・・・・・・・・43
郵送の依頼・・・・・・・・・・・・・78
郵便・・・・・・・・・・・・・・・・・91
浴衣について・・・・・50、64
予約確認（予約あり）・・・・・・38
予約確認（予約なし）・・・・・・41
予約確認（予約不明）・・・・・・42

ら行

ランドリーサービス・・・・・・74
両替・・・・・・・・・・・・・・・・・88
旅館について・・・・・・・・・・・・64
ルームサービス・・・・・・・・・・70
ロビーへの案内・・・・・・・・・・37

わ行

Wi-Fi の説明・・・・・・・・・・・・81
別れのあいさつ・・・・・・・・・・63

Part 2 電話対応

あ行

「いかがでしょうか？」・・・・ 111

お客様の不在・・・・・・・・・・ 123

「お気をつけてお越しください」・・・・・・・・・・・ 113

「お調べいたします」・・・・・ 114

か行

外線の取り次ぎ ・・・・・・・・ 120

外線のかけ方・・・・・・・・・・ 129

館内呼び出し・・・・・・・・・・ 122

客室からの電話 ・・・・・・・・ 129

客室タイプの希望・・・・・・・ 110

金額を知らせる ・・・・・・・・ 112

国際電話・・・・・・・・・・・・ 130

「ご予約でいっぱいでございます」・・・・・・・・・・ 109

「ご連絡先をお伺いできますでしょうか？」・・ 113

さ行

支払い ・・・・・・・・・・・・・ 112

宿泊予約・・・・・・・・・・・・ 108

「少々お待ちくださいませ」・・・・・・・・・・・ 108

た行

着信受付（国際電話）・・・・・ 130

通話料金の問い合わせ（国際電話）・・・ 135

伝言を受ける・・・・・・・・・・ 125

伝言を伝える・・・・・・・・・・ 128

問い合わせ（設備・施設）・・ 118

「どうぞお話しください」・・ 121

「どのようなお部屋がよろしいでしょうか？」・・・ 110

な行

内線のかけ方・・・・・・・・・・ 129

「何泊のご予定でしょうか？」・・・・・・・・・・ 108

「何名様でしょうか？」・・・・ 108

「日本でのご連絡先はございますでしょうか？」・・ 113

は行

発信受付（国際電話）・・・・・・・・・・・・ 131

ま行

「またのご利用をお待ち申し上げます」・・・・ 118

「もう一度くり返していただけますか？」・・・・・ 121

「もう少しゆっくりお話しいただけますか？」・・ 121

「もう少し大きな声でお話しいただけますか？」・・ 121

や行

予約受付 ・・・・・・・・・・・ 108

予約の確定 ・・・・・・・・・・ 113

予約の確認 ・・・・・・・・・・ 114

予約の取り消し ・・・・・・・・ 117

予約の変更 ・・・・・・・・・・ 116

予約不可・・・・・・・・・・・・ 109

Part 3　館内施設&レストラン

あ行

「アレルギーはございますか？」…… 154
「いらっしゃいませ」…… 140
受付（エステ・マッサージ）…… 186
受付（ベビールーム）…… 190
うどんの説明 …… 170
営業の案内 …… 148
営業時間 …… 148
エステの応対 …… 186
「お会計はお席で承ります」…… 161
お好み焼きの説明 …… 174
おこわの説明 …… 164
「お好きなお席へどうぞ」…… 152
「お席にご案内いたします」…… 151
おにぎりの説明 …… 164
「お待たせいたしました」…… 161
「お待ちしております」…… 149

か行

会計（ギフトショップ・売店）…… 143
会計（レストラン）…… 161
回転寿司の説明 …… 167
カフェでの応対 …… 183
甘味の説明 …… 178
喫煙 …… 151
ギフトショップでの応対 …… 140
軽食の説明 …… 184
「ご案内いたします」…… 141
紅茶の説明 …… 184
コーヒーの説明 …… 184
「こちらのお席で よろしいでしょうか？」…… 152
「ご注文は以上で お揃いでしょうか？」…… 161
「ご注文はお決まりでしょうか？」…… 153
「ご注文を確認いたします」…… 156
「ご用があればお声がけください」…… 140
「ご用件は伺っておりますか？」…… 140
「ご予算はおいくらで お考えですか？」…… 142

さ行

最初の応対（ギフトショップ・売店）…… 141
酒の説明 …… 182
ジムでの応対 …… 189
しゃぶしゃぶの説明 …… 172
「順番に並んでお待ちください」…… 143
吸い物の説明 …… 165
すき焼きの説明 …… 170
寿司の説明 …… 165
席への案内 …… 152

施術 ・・・・・・・・・・・・・・・・ 187
施術の終了 ・・・・・・・・・・・ 188
説明（ジム・プール）・・・・・ 189
説明（ベビールーム）・・・・・ 190
「全席禁煙です」・・・・・・・・ 151
そばの説明 ・・・・・・・・・・・ 169

た行

注文をとる（カフェ）・・・・・ 183
注文をとる（レストラン）・・ 153
注文をとる（バー）・・・・・・ 181
調理法の説明・・・・・・・・・・ 158
定休日 ・・・・・・・・・・・・・・ 148
鉄板焼きの説明 ・・・・・・・・ 174
天丼の説明 ・・・・・・・・・・・ 168
天ぷらの説明・・・・・・・・・・ 167
「どうぞご確認ください」・・ 144
「どうぞごゆっくりご覧ください」
・・・・・・・・・・ 140
特徴の説明（商品）・・・・・・ 142
ところてんの説明・・・・・・・ 179

な行

「何かお探しでしょうか？」
・・・・・・・・・・ 140
「何時がよろしいですか？（予約）」
・・・・・・・・・・ 146
「何名様ですか？」・・・・・・・ 146
日本の料理 ・・・・・・・・・・・ 164
「値引き販売をしておりません」
・・・・・・・・・・ 144

は行

バーでの応対・・・・・・・・・・ 181
売店での応対・・・・・・・・・・ 140
「パンとライス、
どちらになさいますか？」・・ 155
豚しゃぶの説明 ・・・・・・・・ 173
プールでの応対 ・・・・・・・・ 189
ベビールームでの応対 ・・・・ 190
「他にお探しの物は
ございますでしょうか？」・・ 143

ま行

マッサージの応対・・・・・・・ 186
「満席でございます」・・・ 147、150
味噌汁の説明・・・・・・・・・・ 164
迎え入れる（カフェ）・・・・・ 183
迎え入れる（ギフトショップ・売店）
・・・・・・・・・・ 140
迎え入れる（レストラン）・・・ 149

や行

焼肉の説明 ・・・・・・・・・・・ 176
用途の説明（商品）・・・・・・ 142
予約の受付（レストラン）
・・・・・・・・・・ 146
予約の確定（レストラン）・・ 148

ら行

ラーメンの説明 ・・・・・・・・ 177
ラストオーダー ・・・・・・・・ 148
料金の説明（ベビールーム）
・・・・・・・・・・ 190
領収書について ・・・・・・・・ 163
料理の説明 ・・・・・・・・・・・ 157
料理の提供 ・・・・・・・・・・・ 161

わ行

和菓子の説明・・・・・・・・・・ 179
わりしたの説明 ・・・・・・・・ 171

Part4　クレーム&トラブル対応

あ行

遺失物について ‥‥‥‥‥ 214
遺失物が届く ‥‥‥‥‥‥ 216
遺失物が見つかる ‥‥‥‥ 216
遺失物が見つからない ‥‥ 217
受け答えの基本 ‥‥‥‥‥ 196
応対（遺失物）‥‥‥‥‥ 215
応対（急病）‥‥‥‥‥‥ 219

か行

確認（遺失物）‥‥‥‥‥ 214
確認の基本 ‥‥‥‥‥‥‥ 196
火災 ‥‥‥‥‥‥‥‥‥‥ 222
環境 ‥‥‥‥‥‥‥‥‥‥ 199
救急車を呼ぶときの応対 ‥ 220
急病 ‥‥‥‥‥‥‥‥‥‥ 219
「緊急です」‥‥‥‥‥‥ 221
クレームへの応対 ‥‥‥‥ 196
クレームを伝える ‥‥‥‥ 203
警察に届ける（遺失物）‥ 218
「ご指摘ありがとうございます」 ‥‥‥‥‥‥ 210
「ご迷惑をおかけして申し訳ございません」‥‥ 196、202

さ行

サービスの応対 ‥‥‥‥‥ 205
災害 ‥‥‥‥‥‥‥‥‥‥ 221
地震 ‥‥‥‥‥‥‥‥‥‥ 223
謝罪 ‥‥‥‥‥‥‥‥‥‥ 196
宿泊予約 ‥‥‥‥‥‥‥‥ 198
「責任者が謝罪に伺います」 ‥‥‥‥‥‥ 197
接客態度 ‥‥‥‥‥‥‥‥ 213
設備の不具合 ‥‥‥‥‥‥ 199

た行

「大変申し訳ありませんでした」 ‥‥‥‥‥‥ 196
宅配について ‥‥‥‥‥‥ 212
「ただいまお調べいたします」 ‥‥‥‥‥‥ 196
チェックアウト後の問い合わせ（遺失物）‥‥‥ 218

な行

「何があったかお聞かせください」 ‥‥‥‥‥‥ 196

は行

ハウスキーピング ‥‥‥‥ 206
避難指示 ‥‥‥‥‥‥‥‥ 221
備品の破損 ‥‥‥‥‥‥‥ 204

や行

予約がとれていない ‥‥‥ 198

ら行

ランドリーサービス ‥‥‥ 207
隣室への苦情 ‥‥‥‥‥‥ 202
ルームサービス ‥‥‥‥‥ 205
レストラン ‥‥‥‥‥‥‥ 208
ロックアウト ‥‥‥‥‥‥ 204

わ行

「私が責任をもって対応します」 ‥‥‥‥‥‥ 202

Part 5　日本の文化を伝える

あ行

アイドル………… 245
アニメ………… 245
衣食住………… 229
1月………… 230
浮世絵………… 242

か行

華道………… 242
歌舞伎………… 240
気候………… 228
着物………… 235
着物の付属品………… 236
基本情報………… 228
狂言………… 240
9月………… 233
芸術………… 242
芸能………… 240
ゲーム………… 245
剣道………… 241
工芸………… 243
5月………… 231
国土………… 228

さ行

茶道………… 242
3月………… 231
4月………… 231
7月………… 232
漆器………… 243
11月………… 234
10月………… 233
12月………… 234
城………… 237
柔道………… 241
書道………… 242
人口………… 228
神社………… 238
相撲………… 241

た行

建物………… 237
寺………… 237
伝統の衣服………… 235
陶磁器………… 243

な行

2月………… 230
日本の12か月………… 230
能………… 240

は行

8月………… 233
風土………… 228
ファッション………… 245
武道………… 241
文楽………… 240
ポップカルチャー………… 244

ま行

マンガ………… 244
面積………… 228

ら行

6月………… 232

わ行

和紙………… 243

監修者　The Okura Tokyo（オークラ東京）

「世界をもてなすホテル」として1962年に「ホテルオークラ」が創業。伝統を大切にしながらも、常に最高の味を求めて前進する料理、充実した施設、時代に流されない確かな品位と新しいスタイルが絶妙に交差した本物のオリジナリティが溢れるホテル。2019年に「オークラ東京」として新たに開業。

スタッフ紹介

語学監修　タマラ・シェレール
デザイン　谷口 賢（Taniguchi ya Design）
DTP　株式会社明昌堂
イラスト　根岸美帆
執筆協力　株式会社ユニックス（後藤香代子、萩原美奈子）、伊藤真美（P.16-25）
校正　伊勢本ポストゆかり（Word Connection）／ぷれす
ナレーション　レイチェル・ワルザー、AIRI
録音　一般財団法人 英語教育協議会（ELEC）
協力　株式会社総研コーポレーション
編集協力　株式会社スリーシーズン
（花澤靖子、鈴木由紀子、大友美雪）
編集担当　遠藤やよい（ナツメ出版企画株式会社）

本書に関するお問い合わせは、書名・発行日・該当ページを明記の上、下記のいずれかの方法にてお送りください。電話でのお問い合わせはお受けしておりません。
・ナツメ社webサイトの問い合わせフォーム
https://www.natsume.co.jp/contact
・FAX（03-3291-1305）
・郵送（下記、ナツメ出版企画株式会社宛て）
なお、回答までに日にちをいただく場合があります。正誤のお問い合わせ以外の書籍内容に関する解説・個別の相談は行っておりません。あらかじめご了承ください。

音声DL版
的確に伝わる！ ホテルの英会話

2024年 5月 7日　初版発行

監修者　The Okura Tokyo（オークラ東京）
発行者　田村正隆

発行所　株式会社ナツメ社
東京都千代田区神田神保町1-52　ナツメ社ビル１Ｆ（〒101-0051）
電話　03（3291）1257（代表）　FAX 03（3291）5761
振替　00130-1-58661

制　作　ナツメ出版企画株式会社
東京都千代田区神田神保町1-52　ナツメ社ビル３Ｆ（〒101-0051）
電話　03（3295）3921（代表）

印刷所　ラン印刷社

ISBN 978-4-8163-7538-5
Printed in Japan

本書は弊社既刊『CD付き 的確に伝わる！ ホテルの英会話』をもとに、音声をダウンロード形式に変更しております。